汽车后市场从业胜经

二手车盈利宝典

评估·采购·销售

实战全解

陈高翔 陈明旭 编著

机械工业出版社

《二手车盈利宝典：评估·采购·销售实战全解》融汇作者丰富的一线工作和培训辅导经验，本着"立足实用，服务实战"的原则，从二手车人力建设、鉴定评估、采购建库、营销销售四个维度，用简明易懂的文字、丰富清晰的图表，全面介绍了二手车企业的组织架构、岗位设置、绩效指标体系、团队能力和企业制度文化建设，着重讲解了鉴定评估常识与方法、估价报价流程与方法、车源客源开发渠道与方法、车辆整备流程与方法、营销销售流程与方法，简要梳理了二手车售后服务、衍生业务和出口业务，力求帮助二手车企业和从业者系统提升盈利能力。

本书既适合作为二手车企业经营管理人员、市场营销人员、鉴定评估/采购人员、整备人员、销售人员、售后服务人员的工具手册，也适合作为二手车行业培训机构师生、中高职院校汽车相关专业师生的学习教程。

图书在版编目（CIP）数据

二手车盈利宝典：评估·采购·销售实战全解 / 陈高翔，陈明旭编著. —北京：机械工业出版社，2023.7

（汽车后市场从业胜经）

ISBN 978-7-111-73392-8

Ⅰ.①二… Ⅱ.①陈… ②陈… Ⅲ.①汽车–价格评估 ②汽车–选购 ③汽车–销售 Ⅳ.①F766

中国国家版本馆CIP数据核字（2023）第115510号

机械工业出版社（北京市百万庄大街22号 邮政编码100037）
策划编辑：孟　阳　　　　　责任编辑：孟　阳
责任校对：王荣庆　王　延　　封面设计：马精明
责任印制：郜　敏
北京瑞禾彩色印刷有限公司印刷
2023年8月第1版第1次印刷
169mm×239mm·16.75印张·243千字
标准书号：ISBN 978-7-111-73392-8
定价：99.00元

电话服务	网络服务
客服电话：010-88361066	机 工 官 网：www.cmpbook.com
010-88379833	机 工 官 博：weibo.com/cmp1952
010-68326294	金 书 网：www.golden-book.com
封底无防伪标均为盗版	机工教育服务网：www.cmpedu.com

序

把握历史机遇，拥抱行业春天

回顾几十年的行业发展历程，2022 年是我国二手车行业前所未有的、最为困难的一年。其间，宏观经济需求收缩、供给冲击、预期减弱等问题在二手车流通领域尤为突出，最直接的表现就是客流量的大幅减少。"二手车商生意惨淡考虑转行"的话题一度登上互联网平台热搜榜榜首。这是对彼时二手车行业状况的客观写照。

辩证地看，2022 年又是中国二手车行业继往开来、必将载入史册的一年。之所以这样说，是因为在这一年里，长期以来制约行业发展的体制机制性障碍得到了全面解决。二手车行业有关议题 5 次出现在国务院常务工作会议中，全面取消"国五"排放标准二手车限制迁移、实行二手车转让登记单独签注、建立二手车商品属性等重大行业政策陆续发布。这些"二手车新政"旨在通过降成本、减流程、调结构，扶持有条件的二手车经销企业快速健康成长。二手车经营主体"小、散、弱"的状况将得到根本性改变，二手车市场也将从个人交易过渡到企业化经营阶段，规范化、规模化、品牌化经营将成为行业发展的主流和必然趋势。

"二手车新政"为各类经营主体营造了公平竞争的市场氛围和经营环境，行业因此迎来了难得的发展机遇。谁能够把握住先机，赢得"二手车新政"带来的红利，谁就能发展壮大。如何才能把握住先机？我想，除了按照"二手车新政"要求进行战略布局和战术调整外，在具体经营层面，比如组织架构和岗位设置、目标规划、制度文化建设、业务执行与管理、技能培训、车源和客源开发、售后服务等方面，也应尽早谋划与提升。

我与本书作者之一陈高翔先生相识多年。陈先生作为汽车行业的一名"老兵"，一直以来，角色在变坚持未变，年龄在变拼搏未变，容颜在变梦想未变，是值得年轻人学习的榜样。

  陈先生常年深耕于二手车行业，在汽车职业学校从事过教学工作，在二手车市场和企业从事过业务和经营管理工作，积累了极其丰富的实践经验。作为二手车培训领域的先行者，他先后为梅赛德斯-奔驰、捷豹路虎、奥迪、沃尔沃、福特、本田、马自达等品牌的经销商提供业务培训和辅导，得到了受训企业和员工的广泛好评。

  本书内容与业务实践无缝衔接，实战案例和表单工具丰富翔实，对品牌汽车经销商开展二手车业务、二手车经销企业提升经营管理能力大有裨益。

  三人行，必有我师焉。我相信这本书能为广大二手车企业和员工赋能，助力二手车行业的规范化、规模化发展。

中国汽车流通协会　会长助理、副秘书长

罗磊

二〇二三年一月

前　言

和二手车人说说心里话

说起二手车行业这三十年，从买卖双方信息严重不对称的暴利阶段（20世纪90年代初一辆不到20万元的二手凯迪拉克轿车毛利可达7万元），发展到了车辆信息基本公开透明的微利阶段；从线下交易一统天下的实体阶段，发展到了线上线下交易并存的实体虚拟竞争阶段；从以文化水平较低的"市侩"为主的阶段，发展到了以学历不低的"青年生力军"为主的阶段；从凭拳头解决纠纷的无序经营阶段，发展到了靠法律维护利益的有序经营阶段。总体来看，二手车行业表现出了规范化、规模化、网络化的发展趋势。

市场环境和经营规律均发生了质的变化，我们这些二手车人，无论投资者、经营管理者，还是业务工作者，都必须顺应这种变化趋势，否则早晚要被行业淘汰、被时代抛弃。

自2009年起，笔者开始为梅赛德斯–奔驰、捷豹路虎、奥迪、沃尔沃、福特、本田、马自达等品牌经销商提供二手车业务课程开发、教学和驻店辅导服务，帮助它们优化组织架构、完善业务管理团队、改善业务短板、提升盈利能力。一路走来，笔者发现，二手车企业和从业者都表现出这样一种规律：凡是坚持依法依规经营、重视团队建设和人才培养、持续优化业务流程和工作方法、以客户为中心思考的企业，凡是坚守职业道德、努力提升认知与技能、善于团队合作的从业者，都能蒸蒸日上、行稳致远。

今天的二手车企业，要拥抱行业变革，在探索数字化赋能经营管理模式革新的同时，更要注重"软实力"的提升，加强对业务目标、流程、数据和风险的监控与管理，加强对互联网渠道车源和客源的开发与利用，加强对全员自媒体营销销售的培训与把控。今天的二手车人，要顺应行业变化，以诚信守法为底线，瞄准数字化赋能的大趋势，不断汲取行业新知、锤炼业务技能。

人力建设是开展二手车业务的根本，本书第1章全面介绍了二手车企业的组织架构、岗位设置、关键绩效指标体系，以及团队和制度文化建设。鉴定评估是开展二手车业务的起点，本书第2章系统讲解了汽车技术常识、二手车鉴定评估流程与方法、估价报价流程与方法等内容。采购建库解决了二手车业务的"车源进口"问题，本书第3章系统讲解了二手车采购建库渠道与方法，以及相关注意事项。营销销售解决了二手车业务的"客源"和"车源出口"问题，本书第4章系统讲解了二手车营销方式与技巧、整备入库流程与方法、销售流程与渠道，简要介绍了售后服务相关内容。

笔者希望广大读者在吸收养分的同时能青出于蓝而胜于蓝，坚持长期主义、聚合企业资源，在二手车事业的道路上披荆斩棘、高歌猛进！

目 录

序　把握历史机遇，拥抱行业春天
前言　和二手车人说说心里话

第1章　二手车人力建设
以人为本　谋事在人

1.1　入行立业必修课　/ 003

　1.1.1　我国二手车行业的历史演进及现状　/ 003
　1.1.2　建立二手车业务信心　/ 012

1.2　组织架构与岗位　/ 016

　1.2.1　组织架构与岗位设置　/ 016
　1.2.2　岗位职责　/ 019

1.3　关键绩效指标体系　/ 030

　1.3.1　财务/库存管理指标　/ 033
　1.3.2　市场营销管理指标　/ 033
　1.3.3　采购业务管理指标　/ 034
　1.3.4　整备业务管理指标　/ 034
　1.3.5　销售业务管理指标　/ 035
　1.3.6　增值业务管理指标　/ 036

1.4　岗位能力建设　/ 036

　1.4.1　业务培训　/ 036
　1.4.2　业务演练　/ 040
　1.4.3　标杆引领　/ 041

1.5　制度文化建设　/ 042

　1.5.1　制度制订与执行　/ 042
　1.5.2　风险识别与管控　/ 047

第 2 章 二手车鉴定评估
洞若观火　明察秋毫

2.1 鉴定评估必修课　/051
- 2.1.1 汽车的总体构造　/051
- 2.1.2 汽车的性能　/060
- 2.1.3 汽车的主要技术参数　/064
- 2.1.4 汽车制造工艺流程　/067
- 2.1.5 汽车文化常识及国外主流厂商特征　/069
- 2.1.6 汽车的基本类型及使用性质　/074
- 2.1.7 汽车的车身色　/079
- 2.1.8 车辆识别代号　/083
- 2.1.9 机动车报废回收制度　/087

2.2 鉴定评估关键绩效指标设置　/089
- 2.2.1 鉴定评估关键绩效指标　/089
- 2.2.2 鉴定评估关键绩效指标监管　/089

2.3 鉴定评估业务流程　/091
- 2.3.1 整体流程　/091
- 2.3.2 静态鉴定流程　/094
- 2.3.3 动态鉴定流程与作业要点　/094

2.4 静态鉴定工具与方法　/097
- 2.4.1 静态鉴定的目的　/097
- 2.4.2 静态鉴定注意事项　/098
- 2.4.3 静态鉴定工具与表单　/099
- 2.4.4 七方位绕车鉴定法　/102

2.5 机动车证明与凭证等要件审核　/131
- 2.5.1 概述　/131
- 2.5.2 审核要点　/133

2.6 车辆所有人身份证明与凭证审核 / 139
　2.6.1 概述 / 139
　2.6.2 审核要点 / 141

2.7 价格估算与报价 / 142
　2.7.1 价格估算 / 142
　2.7.2 报价策略与技巧 / 147

2.8 再次鉴定评估 / 151
　2.8.1 必要性 / 151
　2.8.2 作业要点 / 152

2.9 仪器设备鉴定 / 154
　2.9.1 必要性 / 154
　2.9.2 作业内容 / 155

第 3 章 二手车采购建库
千乘万骑　琳琅满目

3.1 采购建库必修课 / 159
　3.1.1 概述 / 159
　3.1.2 采购建库营销 / 161
　3.1.3 采购建库关键绩效指标设置 / 164

3.2 置换 / 168
　3.2.1 置换目标设置、考核及监控 / 168
　3.2.2 置换业务流程 / 169
　3.2.3 置换业务协调 / 171

3.3 在用车开发 / 171
　3.3.1 组建专项业务领导小组 / 171

3.3.2 分车龄精准开发 / 173

3.3.3 完善例会制度 / 173

3.4 以旧换旧 / 175

3.5 外部采购 / 175

3.6 寄售 / 代售 / 178

3.7 意向达成后与成交后事项确认 / 180

3.7.1 意向达成后事项确认 / 180

3.7.2 成交后事项确认与法律手续完善 / 181

第 4 章 二手车营销销售
提质增效　批零有道

4.1 二手车销售必修课 / 193

4.1.1 关键绩效指标设置 / 193

4.1.2 销售业务营销 / 197

4.1.3 销售业务管理 / 205

4.2 整备入库 / 213

4.2.1 概述 / 213

4.2.2 整备流程 / 215

4.2.3 整备车辆验收 / 217

4.3 销售流程 / 217

4.3.1 品牌汽车经销商新车销售流程 / 217

4.3.2 二手车销售流程 / 217

4.4 销售渠道 / 221

4.4.1 线上销售渠道 / 221

- 4.4.2 线下销售渠道 / 222
- 4.4.3 自媒体销售渠道 / 223

4.5 销售方式 / 224
- 4.5.1 零售 / 224
- 4.5.2 批发 / 230
- 4.5.3 拍卖 / 233
- 4.5.4 合作销售 / 235

4.6 二手车拍照、视频制作及使用 / 235
- 4.6.1 车辆照片的拍摄和使用 / 235
- 4.6.2 短视频制作 / 239

4.7 质保与认证 / 239
- 4.7.1 质保与退换车服务 / 239
- 4.7.2 认证 / 240

4.8 增值业务 / 241
- 4.8.1 保险业务 / 241
- 4.8.2 金融业务 / 242
- 4.8.3 精品销售 / 242

4.9 车辆交付及售后服务 / 244
- 4.9.1 交车前检查 / 244
- 4.9.2 完美交车 / 246
- 4.9.3 成交事项确认与法律手续完善 / 247
- 4.9.4 请求回购话术 / 247
- 4.9.5 道路救援服务 / 248

"实战链接"索引 / 250

"实战点睛"索引 / 251

参考文献 / 252

后记 / 253

第 1 章

二手车人力建设

以人为本
谋事在人

1.1 入行立业必修课
1.2 组织架构与岗位
1.3 关键绩效指标体系
1.4 岗位能力建设
1.5 制度文化建设

本章导读

常言道：谋事在人，成事在天。任何事业，人的因素都是第一位的。二手车业务也是一样，人的素质和能力是决定二手车业务能否成功的关键要素。

对于已经立足二手车行业和打算进入二手车行业的朋友，了解二手车行业的过去和现状，是做好二手车经营管理工作的必要条件。对于二手车经销企业（包含品牌汽车经销商的二手车业务部门）的投资者、经营管理者，了解如何建立组织架构、设置岗位及其职能职责、建立和完善绩效指标、企业规章制度，以及提升从业人员业务素质和能力，是顺利开展二手车业务的基础。

本章概述了二手车业务的过去和现状，力求帮助从业者建立业务信心，同时讲解了各岗位的职能职责和任职要求，分析了关键绩效指标体系，力求帮助投资者和经营管理者把握岗位能力建设、绩效体系指标搭建、企业制度文化建设问题，解决企业人力资源需求问题。

1.1 入行立业必修课

1.1.1 我国二手车行业的历史演进及现状

1. 我国二手车行业的历史演进

（1）概述

与其他行业一样，我国的二手车行业也是从无到有、从小到大、从不规范到规范，逐步发展壮大起来的。

20世纪80年代中后期，国内一些拥有汽车驾驶执照，对汽车有一定了解的人，率先做起了与汽车买卖相关的生意，他们就是我国最早涉足二手车中介、收购、销售业务的从业者，他们所开展的经营活动构成了我国二手车业态的雏形。

这些早期从业者大多缺乏汽车专业知识和经营管理常识，商业规则意识也相对淡薄，常年"游击"作业，没有固定经营场所，甚至没有从业资质和营业执照，导致纠纷常伴，消费者的合法权益难以得到保障，他们也因此被戏称为"车虫""车贩子""车串串"等。随着市场的蓬勃发展，各地主管部门为了规范交易秩序、维护消费者的合法权益，开辟了专门的二手车交易场地（主要指主办或批准举办的旧车或二手车市场），集中经营、规范管理、适当收费、统一开具交易凭证，使二手车行业初步走向规范化和市场化。

后来，随着二手车需求量和交易规模的增加，丰厚的利润吸引了更多主体、资本和人员进军二手车市场，民间资本兴办的二手车交易市场越来越多、规模越来越大。同时，一些汽车制造商开始将国外的"置换"（最初只是以旧换新，还没有"以旧换旧"的概念和业务意识）销售/消费模式引入国内，引导旗下品牌的经销商除开展整车销售（Sale）、售后服务（Service）、零部件供应（Spare part）和信息反馈（Survey）业务外，同步开展二手车（Used-car）业务，进一步推动了我国二手车行业的规模化、规范化发展，例如，上海大众（即现在的"上汽大众"）在1998年就尝试引导经销商开展二手车的置换、销售业务，以促进新车销售，满足消费者的多元化购车需求。

（2）我国二手车行业的发展阶段

回望过去，我国二手车行业大致经历了如下发展阶段。

萌芽期：20世纪80年代到2004年是我国二手车行业的萌芽期。这一时期的显著特征包括：与二手车交易相关的法规不够完善，完整的二手车交易体系尚未建立，业务经营及行业监管较为粗放；管理者无章可循、缺乏可借鉴的先例；经营者缺乏集中的经营场地（例如大型二手车交易市场），大多沿街为市，交易行为不规范，利润率较高。

1998年，原国内贸易部颁布了《旧机动车交易管理办法》，这是我国最早的规范管理旧机动车流通的制度文件。2000年，以上海大众为代表的汽车制造商尝试推出"品牌二手车业务"（上海大众称之为"特选二手车"），同时指导旗下品牌的经销商开展二手车置换新车业务，极大促进了二手车行业的经营规范性提升。2004年，全国二手车交易量达到134.08万辆。

探索期：2005—2014年是我国二手车行业的探索期。这一时期，行业监管机构和企业经营者都在积极探索二手车行业的市场规律、商业逻辑和管理方式，积极规划、促进行业发展。以商务部、中国汽车流通协会为代表的政府机构和组织，探索制定了大批与二手车经营、监管、发展相关的政策和制度文件，同时组织行业人员赴发达国家考察学习，带回了可借鉴和复制的业务模式、经营理念和管理方法，以及丰富的

第1章 二手车人力建设：以人为本，谋事在人

实践经验。

2005年，商务部、公安部、工商总局、税务总局联合发布《二手车流通管理办法》后，"二手车"称谓在官方文件中正式取代"旧机动车"，二手车交易活动越发规范与活跃。随着优信拍、大搜车等互联网企业的入市，二手车线下实体交易市场的垄断地位被打破，涌现出"线上浏览比价，线下看车选购""线上/线下拍卖交易""分期付款交易"等创新业务模式，交易体系与供需状况的匹配度不断提升，使二手车行业得到快速的、大规模的、健康有序的发展。

这一阶段，除一些顶级品牌外，几乎所有涉足中国市场的汽车制造商、总经销商都推出了二手车置换新车业务，有些品牌甚至推出了"认证二手车"业务，得益于制造商的信誉保证和业务示范效应，二手车行业的经营规范性得到很大提升，消费者的购买信心进一步增强。2014年，全国二手车交易量达到605.29万辆。

成熟发展期：2015年至今是我国二手车行业的成熟发展期。这一时期的显著特点是政策法规更加完善，经营管理更加规范，行业集中度提高，竞争日趋激烈，行业平均利润下滑。同时，一些大型汽车经销商在看到二手车业务的盈利潜力后，更加重视二手车业务，视二手车业务为继整车销售、售后服务之后的业务第三极。

2016年，国务院办公厅发布了《关于促进二手车便利交易的若干意见》。2022年，商务部、国家发改委、工信部、公安部、财政部、自然资源部、生态环境部、住建部、交通运输部、文旅部、人民银行、海关总署、税务总局、市场监管总局、体育总局、银保监会、能源局联合印发《关于搞活汽车流通 扩大汽车消费若干措施的通知》。随着一系列国家支持性政策法规颁布执行，二手车之家、优信、易车等互联网企业踊跃入市，以及消费者消费理念的转变和成熟，我国二手车交易规模快速增加，行业淘汰、整合加速，销售渠道和方式越发多元化。2016年，全国二手车交易量突破1000万辆，达1039.07万辆（国内新车销量突破1000万辆的年份是2009年）。

2019年4月，商务部、公安部、海关总署联合印发《关于支持在条件成熟地区开展二手车出口业务的通知》，支持条件成熟的地区开展二手车出口业务，拉开了国内二手车"出海"的序幕。2020年11月、2022年12月，商务部、公安部等部门两次发文，决定新增辽宁省、福建省、河南省、四川省等地区开展二手车出口业务。目前，我国开展二手车出口业务的地区已达44个，具备二手车出口资质的经销企业发展前景可期。

2022年全国二手车交易量达到1602.78万辆（当年新车销售量为2686.4万辆，旧新比为0.60，旧新比＝二手车销量/新车销量）。

实战链接

汽车制造商国内二手车业务历史年表

汽车制造商国内二手车业务历史见表1-1，据各制造商官方网站或公开信息源整理。

表1-1 汽车制造商国内二手车业务历史

序号	启动年份	制造商	业务名称
1	1998	上汽大众	（尝试置换业务）
2	2000	上汽大众	官方认证二手车
3	2002	上汽通用别克	官方认证二手车
4	2003	东风日产	及新车
5	2004	一汽大众	官方认证二手车
6	2005	一汽丰田	官方认证二手车
7	2006	东风悦达起亚	至诚二手车
8	2006	宝马	官方认证二手车
9	2006	东风标致	诚狮二手车

第1章 二手车人力建设：以人为本，谋事在人

（续）

序号	启动年份	制造商	业务名称
10	2007	广汽本田	喜悦二手车
11	2007	江淮	一家亲二手车
12	2007	奇瑞	官方认证二手车
13	2008	北京现代	首选认证二手车
14	2008	东风雪铁龙	龙信二手车
15	2009	一汽奥迪	官方认证二手车
16	2009	梅赛德斯-奔驰	官方认证二手车
17	2010	长安福特	长安福特二手车
18	2011	广汽丰田	心悦二手车
19	2012	东风本田	心誉二手车
20	2012	保时捷	认可易手车
21	2013	雷克萨斯	认证二手车
22	2014	沃尔沃	认证二手车
23	2016	捷豹路虎	认证二手车
24	2016	马自达	认证二手车
25	2017	特斯拉	官方认证二手车
26	2018	法拉利	认证易手车
27	2018	上汽凯迪拉克	官方认证二手车
28	2019	威马	智选认证二手车
29	2021	林肯	官方认证二手车
30	2021	蔚来	蔚来官方二手车
31	2021	小鹏	官方认证二手车
32	2022	理想	（尝试置换业务）
33	2022	沃尔沃卡车	认证二手车
34	2022	中国重汽	认证二手车

2. 我国二手车行业的现状

在欧、美、日等国家和地区的成熟汽车市场，自然人（个人）之间的二手车交易量很小，而汽车品牌经销商、二手车经销商的二手车置换量和销量很大，

造就了庞大的二手车市场，且二手车的交易量远高于新车销量。

针对二手车行业，基于采购和销售的经销模式是国际主流经销模式。

目前，我国的二手车行业正处在机会公平、参与积极、买卖规范、税费合理、交易活跃、流通方便、厂家助力、场地多元、限制最少、渠道畅通的红利时代，以往困扰企业的市场准入、市场监管、税收监管等问题已经逐步得到解决。

如今，在市场准入和监管方面，自然人（个人）、个体工商户、法人企业（含品牌汽车制造商及其授权销售服务企业、互联网平台企业、拍卖企业）及其分支机构/分公司，都可以在依法办理市场登记后，公平地开展二手车交易业务，经营范围与新车一样登记为"汽车销售"，并且可以开具二手车销售统一发票（以前是经营范围只能登记为"中介/经纪"，并且需要由二手车交易市场或二手车拍卖企业等代开二手车销售统一发票）。

同时，现行法规、政策还规定：自然人（个人）在一个自然年度内出售持有时间少于1年的二手车达到3辆及以上的，汽车销售企业、二手车交易市场、拍卖企业等不得代为其开具二手车销售统一发票，不予办理交易登记手续。以后，个人经营二手车业务（包括经纪、中介服务）的空间会逐渐被压缩，盈利会越来越困难，这为二手车行业的企业化、规模化、正规化发展指明了方向。

以往，监管机构会要求或倡导二手车经营者在实体市场集中经营，而现在，经营者既可以选择在实体市场集中经营,也可以选择其他合法场所自主分散经营。同时,交易既可以在线下进行,也可以在互联网平台上进行,渠道更加多元,对经营者和消费者而言都更加便利。

在税收方面,过去,对以个人或经纪、中介形式开展的二手车经销业务缺乏监管,而对以企业形式开展的二手车经销业务征收较高税率的增值税,不仅导致税收流失,还造成了事实上的不公平竞争。现在,我国在推行二手车增值税减征政策的同时,堵住了个人交易的税收漏洞。同时,对已备案汽车销售企业从自然人(个人)处购进二手车的,允许企业反向开具二手车销售统一发票并凭此办理转移登记,这既方便了自然人(个人)处置自己的二手车,也完善了二手车经销企业从自然人(个人)处购买二手车的法律手续。

在二手车商品属性方面,对已备案汽车销售企业申请办理小型非营运二手车(购入)转移登记,公安交管部门实行单独签注管理,核发临时号牌(不再核发金属材质号牌),车辆凭临时号牌上路行驶。经销企业购入二手车并办理转移登记手续后,公安交管部门在登记证书和行驶证上签注"二手车待销售"字样,该二手车作为商品车再销售。这标志着二手车商品属性的确立,使二手车登记业务的办理进一步便利化,促进了二手车经销企业的规模化、品牌化、标准化发展,为企业库存融资创造了条件。

在促进流通方面,全国范围(含国家明确的大气污染防治重点区域)取消了对符合"国五"排放标准的小型非营运二手车的转入限制,加快了构建二手车全国统一流通大市场的进程。二手车经销企业、电商平台、拍卖企业可以实现全国范围的二手车资源整合、调配,提高了企业的经营效率和效益。

在号牌指标方面,汽车限购城市的汽车经销企业购入销售用二手车不占用号牌指标,有效解决了限购城市汽车经销企业收购二手车缺乏指标的问题,促进了限购城市的二手车市场发展。

在出口业务方面,我国已经批准符合条件的企业经营二手车出口业务,但仍然禁止开展二手车进口业务。

近年来，新车销量增速放缓，利润率持续下滑，二手商用车业务已经成为整车企业新的利润增长点，无论制造商还是经销商，对二手商用车的重视程度都越来越高。2022年，众多商用车生产企业纷纷布局二手车业务，使二手商用车市场的潜力不断释放，继沃尔沃卡车、中国重汽推出认证二手车业务后，一汽解放、东风商用车、陕汽、福田欧曼均开展了二手车置换新车业务，通过给予置换补贴、营销推广、对经销商进行置换业务培训等方式，提高用户黏性，同时给消费者提供了更多购车选项。

总之，我国二手车行业目前正处于成熟发展期，有政策的扶持、整车制造商的助力，有多元化的经营者参与其中，二手车消费潜力必将充分释放，整个行业正朝着规范有序、规模化、品牌化方向快速发展。

我国消费者置换新车的推动因素和基本规律

1. 我国消费者置换新车的推动因素

如今，国内汽车消费者的置换选择更加多元化、个性化，选择以旧换新甚至以旧换旧的人越来越多。推动他们置换的主要因素如下。

1）汽车强制报废制度。我国虽然对小型非营运载客汽车没有强制报废的年限规定，但是有累计行驶60万km必须报废的里程限制和其他限制条件（例如必须通过年度安全技术检验且必须符合国家阶段性排放标准），这在一定程度上保障了置换市场的规模，但也阻碍了经典车（老爷车）市场的发展。

2）汽车制造商车型更新换代频繁。汽车制造商为保持竞争优势，适应客户需求，会定期对车型进行更新换代。近十年来，全新车型的开发周期已由4年左右缩短为1~3年，而既有车型的改款周期更是由6~24个月缩短为4~15个月。新车型/改款车型在性能指标、配置选择上往往优于既有车型，造型上也更符合审美趋势，因此很容易激发消费者的置换欲望。

3）汽车经销商置换政策多样。汽车经销商为提升盈利能力、完成汽车制造商赋予的销量任务，会不断优化置换政策，更新置换营销策略，催生出"准新车""次新车""精品车"等营销概念，激发消费者的置换欲望。

4）汽车生命周期规律和保值率。一辆汽车从办理注册登记到办理报废/注销登记，最初几年有国家"三包"政策、生产厂家质保政策和部分经销商延保政策的保障，安全技术状况相对较好，保值率相对较高。随着时间的推移，车辆安全技术状况必然逐渐恶化，使用和维修成本必然逐渐增加，保值率也会逐渐降低（个别有收藏价值的车型除外），这促使消费者倾向于在车况和保值率尚可时以旧换新。

5）消费者的喜新厌旧心理。如今，汽车对很多年轻消费者而言具有更强的"玩具"属性，这类消费者的消费理念是"常换常新"，他们甚至很少购置新车，而是频繁以旧换旧，这种现象在高端/豪华品牌二手车细分市场较为常见。

2. 我国消费者置换新车的基本规律

据中国汽车流通协会和华经产业研究院统计，2016年以来，在所有汽车消费者中，3年内换车的消费者占比为22.5%~23.8%，3~6年换车的消费者占比为37.9%~48.6%，7~10年换车的消费者占比为21.0%~24.1%，10年以上换车的消费者占比为8.0%~14.1%，见图1-1。

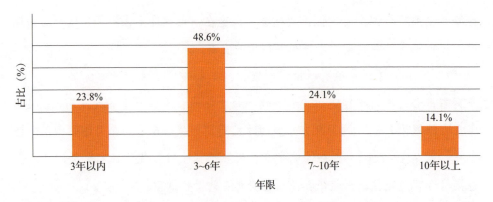

图 1-1 2016年以来我国汽车消费者不同换车年限占比（不同年份最高值）

可见，6年内换车的消费者占比最大，总计达72.4%，而超过10年换车的人占比很小。作为二手车从业人员，要根据消费者置换新车的基本规律，以车龄6年以内车辆的车主为主要对象，制订有针对性的经营和营销策略，激发他们的换车需求（以旧换新或以旧换旧）。

1.1.2　建立二手车业务信心

信心比黄金更重要。二手车从业人员，包括投资人、总经理/总监、各部门经理/主管和一线工作人员，要对行业发展和本职工作充满信心和热情。

"注重结果，关注过程"是包括二手车行业在内的所有行业普遍适用的用人和管理原则。二手车经销企业或二手车管理团队必须制订合理的业务监管制度并监督执行情况，用质量指标（如利润率、成交率、库存周期、零售占比等）来考核团队和员工，而不是仅仅用数量指标（如集客量、成交量）来考核。

企业内部必须建立起自信、互信的合作机制和文化氛围。上级对下级要充分授权，给予必要的业务/资金支持，遇事不要做"有罪推论"；下级对上级要诚实，不打小算盘，不

第1章 二手车人力建设：以人为本，谋事在人

存私心；不同岗位人员间要互相信任、互相合作、互相监督。

表1-2所示为据中国汽车流通协会、中国汽车工业协会数据整理的2004—2022年我国二手车交易量、新车销售量，以及旧新比，可见旧新比正逐步提高。这表明我国二手车交易量的增长率远高于新车销售量的增长率，汽车市场业态正逐渐向发达国家汽车市场业态靠拢（存量市场竞争，二手车交易量远大于新车销售量），二手车行业的发展趋势会越来越好。

表1-2 2004—2022年我国二手车交易量、新车销售量和旧新比

年度	二手车交易量/万辆	二手车交易量年增长率（%）	新车销售量/万辆	新车销售量年增长率（%）	旧新比
2004	134.08	—	507.1	—	≈0.26
2005	145.02	8.16	575.8	13.55	≈0.25
2006	190.56	31.40	721.6	25.32	≈0.26
2007	265.76	39.46	879.2	21.84	≈0.30
2008	273.73	3.00	938.1	6.70	≈0.29
2009	333.86	15.37	1364.5	45.45	≈0.24
2010	385.19	15.67	1806.2	32.37	≈0.21
2011	433.23	12.47	1850.5	2.45	≈0.23
2012	479.14	10.60	1930.6	4.33	≈0.24
2013	520.33	8.60	2198.41	13.87	≈0.24
2014	605.29	16.33	2349.19	6.86	≈0.26
2015	941.71	55.58	2450.33	4.31	≈0.38
2016	1039.07	10.34	2802.8	14.38	≈0.38
2017	1240.09	19.35	2887.89	3.04	≈0.43
2018	1382.2	11.46	2808.1	-2.76	≈0.49
2019	1492.28	7.96	2576.9	-8.23	≈0.58
2020	1434.14	-3.90	2531.1	-1.78	≈0.57
2021	1758.51	22.62	2627.5	3.81	≈0.67
2022	1602.78	-8.86	2686.4	2.24	≈0.60

> **实战点睛** 品牌汽车经销商二手车业务的"四梁八柱"

1. 品牌汽车经销商二手车业务的"四梁"

新车销售顾问、维修顾问、二手车鉴定评估人员是品牌汽车经销商开发二手车源的重要参与人和责任人，他们与二手车销售顾问共同构成了品牌汽车经销商二手车业务的"四梁"。

1）新车销售顾问是最先了解新车潜在客户（不论线下还是线上）消费需求的人，知道他们是首购，还是增购，抑或置换。如果客户选择置换，那么新车销售顾问就会成为品牌汽车经销商采购二手车的"侦察兵"。

2）维修顾问对于品牌汽车经销商开发、采购客户的在用车资源至关重要，他们专门在前台与维修车辆的客户打交道，最先了解客户是否有处置车辆的需求。

3）二手车鉴定评估人员是所有二手车经销企业开展二手车评估作价、车况鉴定、整备和费用预估、采购风险管控工作的主要责任人，其业务信心、业务能力、职业操守决定了二手车业务的经营状况。

4）二手车销售顾问是二手车业务"出口"的主要责任人，负责将收购的车辆以合适的价格、合适的时间周期卖出，并保证企业获得适当的经营利润。

2. 品牌汽车经销商二手车业务的"八柱"

二手车业务只有"广谱药"，没有"特效药"。

1）没有做过的，尝试做。在用车开发采购、异地采购、

第 1 章　二手车人力建设：以人为本，谋事在人

网络销售、自媒体销售、与其他企业合作采购和销售、拍卖销售等，都可以尝试做。

2）需要配合的，携手做。市场营销、置换、在用车开发、车辆整备、举行交车仪式、满意度管理、车辆回购、全员销售、转移登记等，都需要企业各部门密切协作、合力完成。

3）效果很好的，坚持做。实践总结出来的优秀案例、方法和技巧等，都要推广学习、持之以恒。

4）没有效果的，改善做。完成某项工作后发现效果不好或没有效果，比如集客效果差、邀约到店率低、在用车开发成效差、成交率低等，要及时总结经验教训，坚持 PDCA 循环（计划 – 执行 – 检查 – 行动），优化流程、技巧、话术、工具、激励政策，直到结果明显好转。

5）没有动力的，激励做。对于多数员工都没有工作动力的现象（比如业务开口率低），要评估激励机制、绩效制度和分配原则是否合理，是否需要调整和优化，必要时可调整和优化人力资源结构。

6）不太会做的，训练做。对于新员工、进步较慢或改善不明显的老员工，要通过及时组织培训、演练、优秀案例分享和自我剖析，来帮助他们提升业务能力、改善业务意识，让他们的能力和意识都能满足企业需要，跟上行业发展。

7）执行不力的，监督做。通过建立跨部门监督机制、完善部门内部监督制度、加强业务过程管控、加强工作节点检查、加强业务执行情况检查，来对执行力低、业务意识差的员工进行督促和辅导，及时止损，并进一步优化考核制度。

8）别人做好的，借鉴做。对于其他企业、企业内部的优秀案例、方法和技巧，要经常组织团队/员工研讨、再现情景，以不断提升企业、团队和员工的业务能力。

1.2 组织架构与岗位

1.2.1 组织架构与岗位设置

1. 品牌汽车经销商组织架构与岗位设置

自1999年3月26日"广州本田汽车第一特约销售服务店"开业以来，汽车制造商以"特约""特许""专营""专属""代理"等形式对其经销商进行管理，授权其订购车源再进行销售和售后服务的模式，至今已经有二十多年的历史了。品牌汽车经销商的组织架构、岗位设置和业务管理模式，历经几代人的创新优化，已经相对固化，大多实行董事会下的总经理负责制，授权总经理对店端的所有业务实施管理、组织运营、负责经营。

对于品牌汽车经销商，如果二手车业务处于成熟期，则店端二手车业务可直接向总经理负责，相关组织架构和岗位设置见图1-2（略去中层管理人员以下岗位，虚线框内的"总经理助理"岗位可由其他岗位兼任或不设置），中升、广汇等知名汽车经销商集团旗下的经销店多采用这种模式。

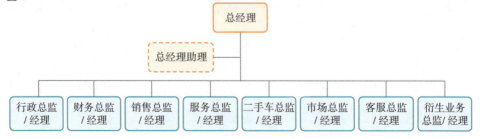

图1-2 品牌汽车经销商常用组织架构与岗位设置1

对于品牌汽车经销商，如果二手车业务处于起步期或发展期，置换二手车源是店端的主要车源，二手车部门与新车销售

第 1 章　二手车人力建设：以人为本，谋事在人

部门协作更密切，则店端二手车业务可向新车销售总监/经理负责，二手车部门可置于新车销售部门之下，相关组织架构和岗位设置见图1-3（略去中层管理人员以下岗位，虚线框内的"总经理助理"岗位可由其他岗位兼任或不设置）。

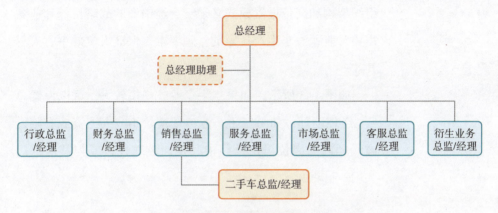

图1-3　品牌汽车经销商常用组织架构与岗位设置2

对于品牌汽车经销商，如果二手车业务处于成熟期，置换车源开发有保障，二手车部门与新车销售部门已建立有效协作关系，而店端在用车开发业务尚处于起步期或发展期，需要加强二手车部门与售后服务部门的沟通协作，则店端二手车业务可向售后服务总监/经理负责，二手车部门可置于售后服务部门之下，相关组织架构和岗位设置见图1-4（略去中层管理人员以下岗位，虚线框内的"总经理助理"岗位可由其他岗位兼任或不设置）。

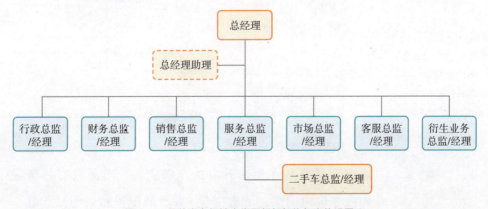

图1-4　品牌汽车经销商常用组织架构与岗位设置3

2. 品牌汽车经销商二手车部门组织架构与岗位设置

品牌汽车经销商二手车部门的核心任务是完成经销商的二手车经营目标和汽车生产厂家的二手车业务考核指标，其组织架构和岗位设置模式必须契合经销商的战略目标和业务需要，兼顾汽车生产厂家的管理要求，保证人员效率、人尽其才。

如图 1-5 所示，如果二手车业务规模较大，可以设置总监/经理助理；如果二手车业务规模较小或人力资源有限，虚线框内的岗位可由部门内其他岗位兼任，或与其他部门共用。

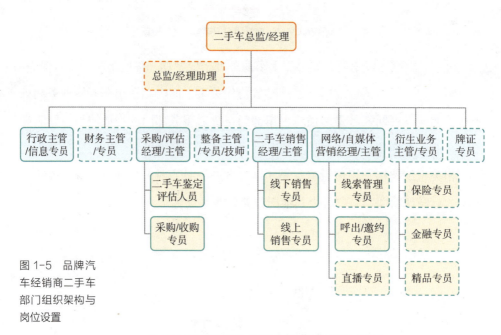

图 1-5　品牌汽车经销商二手车部门组织架构与岗位设置

3. 二手车经销企业组织架构与岗位设置

相较品牌汽车经销商的二手车部门，二手车经销企业没有置换和在用车开发的车源支持，车源只有外部采购或老客户回购，所有岗位/人员的配置和调配只能在企业内部进行。二手车经销企业的经营宗旨是为股东盈利,核心任务是完成二手车经营目标,其组织架构和岗位设置必须契合企业的战略目标和业务需要。

如图 1-6 所示,如果业务规模较大,可以设置总经理助理;如果业务规模较小或人力资源有限,虚线框内的岗位可由其他岗位兼任,车辆整备、牌证管理等工作可以委托外包。

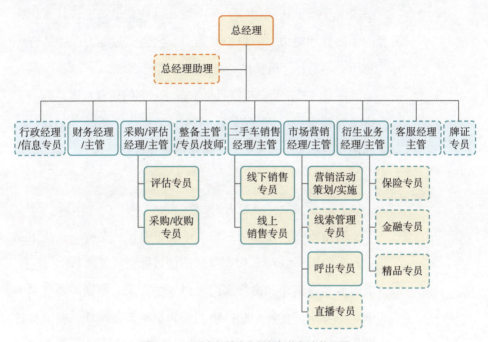

图 1-6　二手车经销企业组织架构与岗位设置

1.2.2　岗位职责

1. 品牌汽车经销商二手车部门主要岗位职责

(1)二手车总监 / 经理

岗位职责:在经销商总经理(或新车销售 / 售后服务总监 / 经理)的领导、支持下,协调公司相关资源,制订并完成二手车部门事业计划;掌握生产厂家关于二手车业务的商务政策,制订和调整二手车采购 / 销售策略,领导团队完成部门经营指标；负责部门团队建设和人才培养；对外协调厂家/保险（金融）企业/批发车辆合作商/批发车辆拍卖企业有关事项等。

任职要求：汽车、机械或市场营销相关专业教育背景，3年以上汽车行业管理经验，具备丰富的市场营销知识和汽车产品知识；了解汽车构造及维修知识，熟悉汽车配置；熟悉二手车行业法规、二手车市场及行业竞争情况；具备优秀的团队管理能力、组织协调能力、沟通交流能力及团队合作意识；熟悉计算机操作；有机动车驾驶执照。

主要考核指标：年度目标完成率、部门运营成本达标率、资金周转率、平均库存天数、置换率、销售毛利率、零售占比、在用车收购量、保险/金融销售指标完成率、客户/员工满意度等。

（2）采购/评估经理/主管

岗位职责：在部门总监/经理的领导、支持下，开拓二手车采购/评估资源，根据部门销量目标完成采购/评估任务；满足经销商新车和维修部门客户评估需求，根据需要规划外部车源鉴定评估及采购；协调采购车辆整备事项，确定整备费用，对采购车辆的业务风险进行管控（判断是否为事故车、泡水车、火烧车、被盗抢骗车等）；辅导二手车鉴定评估人员/采购人员开展鉴定、评估业务；建议车辆销售模式（零售或批发），协调、督促为采购车辆及时办理转移登记（过户）手续。

任职要求：汽车、机械或市场营销相关专业教育背景，2年以上汽车行业工作经验，具备较丰富的市场营销知识和汽车产品知识；了解汽车构造及维修知识，熟悉汽车配置；

第1章　二手车人力建设：以人为本，谋事在人

了解二手车行业法规、二手车市场、采购渠道及行业竞争情况；具备良好的组织协调能力、沟通交流能力及团队合作意识；熟悉计算机操作；有机动车驾驶执照。

主要考核指标：年度采购目标（置换采购量、在用车采购量、外部采购量、经销商销售车辆同品牌二手车采购量）完成率、评估量目标完成率、评估成交率、客户满意度等。

（3）二手车销售经理/主管

岗位职责：在部门总监/经理的领导、支持下，开拓二手车销售潜在客户资源，根据部门年度目标完成销售任务；开拓零售、批发、全款、按揭、以租代售等销售业务，满足客户多样化购买需求；根据需要开拓批发和拍卖销售渠道；按公司制度、标准实施车辆整备验收，按时回收车辆销售款；辅导二手车销售专员开展销售业务；决定车辆销售方式（零售或批发）；协调、督促为销售车辆及时办理转移登记手续。

任职要求：汽车、机械或市场营销相关专业教育背景，2年以上汽车行业工作经验，有较为丰富的市场营销知识和产品知识；了解汽车构造及维修知识，熟悉汽车配置；熟练运用销售工具(含App)、技巧、话术；了解二手车行业法规、二手车市场、销售渠道及行业竞争情况；具备良好的组织协调能力、沟通交流能力及团队合作意识；熟悉计算机操作；有机动车驾驶执照。

主要考核指标：年度销售目标（总销量、零售量、经销商销售车辆同品牌二手车销售量）完成率、成交率、零售/批发毛利率、保险/金融销售指标完成率、客户满意度、老客户转介绍率等。

（4）网络/自媒体营销经理/主管

岗位职责：在部门总监/经理的领导、支持下，开拓线上、线下、自媒体市场营销资源，根据部门年度目标完成集客任务；制订、监督实施部门年度营销计划，配合经销商市场部门实施二手车集客、营销、销售活动；维护部门微信公众号、视频号、抖音号等媒体平台账号，组织日常销售直播活动；制订全

员营销、销售活动和营销推广方案；实施生产厂家组织的全国性/区域性品牌二手车营销活动。

任职要求：经济、市场营销相关专业教育背景，2年以上经济或汽车行业工作经验，具备较丰富的市场营销知识和汽车产品知识；熟练运用集客/销售工具（含App）、技巧、话术；了解二手车市场、集客/销售渠道及行业竞争情况；具备较好的组织协调能力、沟通交流能力及团队合作意识；熟悉直播平台运行规则；熟悉视频编辑软件和计算机操作。

主要考核指标：年度集客目标（线上、线下、自媒体集客量）完成率，线上、线下、自媒体集客邀约到店率，线上线索处理及时率，直播平台关注量、粉丝量及成交量，部门微信公众号/视频号、抖音号营销文案推送频率和推送量。

（5）衍生业务主管/专员

岗位职责：在部门总监/经理的领导、支持下，与经销商衍生业务总监/经理协作，开拓部门零售车辆衍生业务合作资源，根据年度目标制订部门衍生业务规划，完成部门衍生业务销售额和利润任务；负责二手车销售顾问衍生业务销售工具、技能、话术的培训工作，协助二手车销售顾问销售衍生业务产品。

任职要求：经济、市场营销相关专业教育背景，2年以上经济或汽车行业工作经验，具备较丰富的金融保险、汽车精品知识和产品知识；熟练运用衍生业务销售工具（含App）、技巧、话术；了解二手车市场、衍生业务销售渠道及行业竞争情况；具备较好的组织协调能力、沟通交流能力及团队合作意识；熟悉汽车行业法规；熟悉计算

第1章 二手车人力建设：以人为本，谋事在人

机操作。

主要考核指标：保险渗透率及目标完成率、金融渗透率及目标完成率。

（6）信息专员

岗位职责：在部门总监/经理的领导、支持下，及时准确记录、分析和管理二手车采购、销售信息及部门信息；掌握生产厂家的二手车商务政策；汇总、整理和归档部门评估/采购及客户资料；汇总、分析月度经营信息、结果指标，为部门总监/经理月度工作总结和次月工作安排提供信息支持；接收、发送与生产厂家二手车业务相关部门的往来电子邮件，收、寄相关纸质文件；按经销商和生产厂家的管理要求，向生产厂家二手车业务相关部门及时准确地上报业务报表。

任职要求：经济/档案/行政管理相关专业教育背景；了解汽车产品知识；熟悉客户信息（纸质文件和电子文档）管理知识；具备较强的执行力、团队合作意识、沟通协调能力；熟练运用各类计算机办公软件。

主要考核指标：客户档案完整率、信息统计/反馈/处理的延误/误差率、品牌厂家信息反馈及时率、品牌厂家资料报送一次通过率。

（7）二手车鉴定评估人员及采购/收购专员

岗位职责：在部门经理/主管的领导、支持下，开展二手车采购/评估工作；根据部门销量目标完成采购/评估任务；配合销售部门完成置换任务，配合售后服务部门完成在用车开发任务；根据需要开展外部车源鉴定评估及采购业务；协调采购车辆整备事项，预估整备周期及成本；对采购车辆的业务风险进行识别和管控（判断是否为事故车、泡水车、火烧车、被盗抢骗车等）；建议车辆销售方式（零售或批发）；跟踪采购车辆转移登记手续办理事宜。

任职要求：汽车、机械或市场营销相关专业教育背景，1年以上汽车行业工作经验，具备较丰富的市场营销知识和汽车产品知识；熟悉汽车构造及维修知识，熟悉汽车配置，熟悉各品牌常见车型的市场行情；熟悉二手车行业

法规，了解二手车市场、采购渠道及行业竞争情况；具备较好的组织协调能力、沟通交流能力及团队合作意识；熟练使用"查博士""车300""柠檬查""检车家""金鱼塘""汽修宝"等汽车/二手车行业 App（查询车辆价格、维修历史、事故经历、出险记录、车辆保险等信息）；收集、储存评估车辆照片等信息；熟悉计算机操作；有机动车驾驶执照。

主要考核指标：年度采购目标（置换采购量、在用车采购量、外部采购量、经销商销售车辆同品牌二手车采购量）完成率、评估量目标完成率、评估成交率、客户满意度等。

（8）线上/线下销售专员

岗位职责：在部门经理/主管的领导、支持下，完成线上/线下销售任务（含零售车辆的衍生业务）；开展零售、批发、全款、按揭、以租代售等销售业务，满足客户多样化购买需求；按公司制度、标准实施车辆整备验收，按时回收车辆销售款；建议车辆销售方式（零售或批发）；跟踪销售车辆转移登记手续办理事宜。

任职要求：经济管理、市场营销相关专业教育背景，1年以上汽车行业工作经验，具备较丰富的市场营销知识和汽车产品知识；熟悉各汽车品牌常见车型市场行情；了解汽车构造及维修知识，熟悉汽车配置；熟练运用销售工具（含 App）、技巧、话术；了解二手车行业法规、二手车市场、销售渠道及行业竞争情况；具备较好的协调能力、沟通交流能力及团队合作意识；熟悉计算机操作；有机动车驾驶执照。

主要考核指标：销售目标（总销量、零售量、经销商销

第 1 章 二手车人力建设：以人为本，谋事在人

售车辆同品牌二手车销售量）完成率、成交率、零售/批发毛利率、保险/金融销售指标完成率、客户满意度、老客户转介绍率等。

2. 二手车经销企业主要岗位职责

二手车经销企业的主要岗位职责与品牌汽车经销商二手车部门的主要岗位职责相似，没有本质区别，两者的主要差异如下。

1）业务协调范围不同。品牌汽车经销商二手车部门不仅需要与公安车管部门、税务部门、市场监管部门、保险企业、金融企业、合作伙伴协调，还要与汽车生产厂家协调，并且要完成汽车生产厂家下达的经营任务，而二手车经销企业没有来自汽车生产厂家的压力。

2）可利用的内部资源不同。与品牌汽车经销商二手车部门相比，二手车经销企业没有新车销售部门、售后服务部门的支持和协助，没有可以利用的置换车资源和在用车开发资源，所有车辆都需要外部采购、自主销售，或与其他企业合作采购和销售。

3）部门和岗位设置不同。品牌汽车经销商二手车部门一般不需要再下设财务、市场营销、客服等部门或岗位，相关职能可以由经销商内部对应部门或岗位承担，而二手车经销企业必须根据需要配置所有职能部门和岗位。二手车经销企业的财务、客服部门/岗位职责可以参考新车销售企业的相应岗位制订，市场营销部门/岗位职责可以参考品牌汽车经销商二手车部门的网络/自媒体营销经理/主管岗位制订。

3. 品牌汽车经销商二手车业务管理矩阵

品牌汽车经销商要想将二手车业务做出成效，确保持续盈利，除设置二手车部门各岗位职责外，还要促使全店相关管理和执行人员与二手车业务人员"同频协力"，积极投身到"车源""客源"开发中。企业必须制订相应的关键绩效指标和正/负激励机制，并监督执行情况，使相关人员切实担负起责任。各岗位人员对应的责任和辅助业务事项管理矩阵见表 1-3。

表 1-3　品牌汽车经销商二手车业务管理矩阵

岗位人员（横向）及对应的业务事项（纵向）	总经理	新车销售/服务总监/经理	二手车总监/经理	鉴定评估/采购人员	新车销售顾问	服务顾问	市场总监/经理	二手车销售顾问	二手车信息员	整备人员
1. 业务规划	☉	☺	☺	☺	☺	☺	☺	☺	☺	
2. 政策支持	☺	☺	☉						☉	
3. 市场营销	☺	☺	☺				☉		☺	☺
4. 业务管理			☉				☺			
5. 二手车评估			☺	☉		☺		☺		☺
6. 置换配合			☺	☺	☉	☉		☺		
7. 二手车整备			☺	☺		☺				☉
8. 二手车销售		☺	☺	☺			☺	☉		☺
9. 转移登记			☺	☺				☺	☺	
10. 厂-商衔接	☺		☉						☺	

注：☉代表岗位人员对应的责任业务事项，☺代表岗位人员对应的辅助业务事项。

第 1 章 二手车人力建设：以人为本，谋事在人

> **实战链接**

二手车业务的一·三·三·四·四法则

所谓一·三·三·四·四法则，指营销第一、三个采购渠道、三个销售渠道、四个关键岗位和四大业务风险。

1. 营销第一

营销工作的主要目的是提升品牌影响力、知名度和美誉度，增加营业场所客源。二手车业务与其他销售业务一样，都要以营销工作为前提，不管是增加采购客源（收购环节找到客户就找到了想要采购的车辆），还是增加销售客源，都很重要；不管是品牌汽车经销商，还是线上/线下二手车经销企业，都需要足够的客流，才可能采购到足够的车辆，或将库存车辆以合理的库存周期和利润销售出去。

当下，除二手车业务人员引导、促销物料布置和更新外，还要利用免费/付费的垂直媒体平台（二手车之家、易车等）和自媒体平台（抖音、快手、闲鱼、西瓜视频、微信等）植入营销内容，号召全员营销，解决客户招揽的现实问题。

2. 三个采购渠道

"车源"和"利润"是二手车业务的核心要素。二手车业务需要"找米下锅"，没有像新车销售那样源源不断的货源。对于品牌汽车经销商二手车部门，销售部门置换车辆、售后服务部门开发在用车辆以及外部采购车辆，构成了三个采购渠道（寄售渠道目前比较鸡肋，可操作性较差）。对于二手车经销企业，就只有外部采购车辆，以及与品牌汽车经销商二手车部门合作采购车辆两个采购渠道。

1）销售部门置换车辆。新车型上市时是鼓励客户同品牌置换的最佳时机。通过店端物料的吸引、新车销售顾问的推荐引导，以及新车销售顾问与二手车

鉴定评估人员的协作，可以提升置换业务的开口率、评估率，从而在支持新车销售的同时提升置换率/置换量，保障店端的采购车源规模。新车销售顾问、二手车鉴定评估人员以及两者直属上级的岗位任务和绩效指标的制订和落实，还有店端的闭环监控，都是需要重点关注的。

2）售后服务部门开发在用车辆。每个品牌都有一定规模的忠诚客户群体，因此，店端的在用车基盘相对有保障，这是品牌汽车经销商开发在用车采购业务的最大优势。与置换业务一样，服务顾问及其直属上级的岗位任务和绩效指标的制订和落实，也是需要重点关注的。

3）外部采购车辆。车辆外部采购的核心目的是满足库存需求，也就是尽可能缩小客户需求与实际库存的差距，弥补置换和在用车采购的不足。规模较大的品牌汽车经销商，店端的置换、在用车开发和外采车源的合理占比通常是50%、10%和40%。

3. 三个销售渠道

销售渠道（出口）与客源、车源（入口）同样重要。一般而言，品牌汽车经销商的二手车销售渠道有线上、线下和全员自媒体三个。

1）线上。通过二手车之家、易车、58同城等付费/免费媒体平台，可以实现在售二手车的信息露出、车况展示和销售。披露在平台上的车辆信息越全面、真实，越容易成交。浏览平台车源的客户可能是终端直客（如果成交，属零售模式），也可能是全国各地的车商（如果成交，属批发模式）。网络营销专员（类似新车销售业务线上的网络营销专员）是线上销售渠道的责任人，负责信息推送、在线展示和客户邀约洽谈。

2）线下。分为店端模式（批发或零售）和拍卖模式（这是在有充分竞争的市场中寻求最高价格的有效方式，大多属于批发模式，也有少数直客参与竞买的零售模式，毛利率往往高于店端模式）。拍卖模式又可分为线上和线下两类，一般而言，线上拍卖避免了竞买人（尤其是相互熟悉的车商）结成价格联盟"围标"的风险，因此其毛利率高于线下拍卖。专职/兼职的二手车销售顾问是店端销售的责任人。拍卖需要企业自己组织实施，或委托/依托拍卖平台组织实施，车辆所有人或处置人（均为拍卖委托人）只需按拍卖合同收取拍卖佣金。

3）全员自媒体。企业的所有员工，原则上都有义务利用自媒体平台发送或转发二手车销售部门制作的营销信息，吸引潜在客户关注、到店商谈。

4. 四个关键岗位

四个关键岗位指新车销售顾问、售后服务顾问、二手车鉴定评估人员、二手车销售顾问。

5. 四大业务风险

四大业务风险指法规/政策风险、市场行情风险、业务操作风险、人员道德风险。

国家（地方）法规/政策风险，简言之就是排放标准、限购、迁入/迁出、（个别城市）买方入籍登记（上户）指标、税费、转移登记办理周期（有的地方长达7日，必然会影响资金回笼周期和客户满意度）等业务风险。此外，在签订成交/置换合同、试乘试驾承诺书等文件时，还会涉及车辆所有人或购车人的姓名、肖像、隐私和个人信息（包括但不限于电话号码、驾驶证信息、行驶证信息、车辆发票信息、机动车登记证书信息、车辆注销证明文件和车辆报废回收证明文件）等权益，必须得到车辆所有人、购车人，或两者合法代理人的口头许可甚至书面许可，才能切实规避相应风险。

市场行情风险，主要指同款或竞争车款的新车降价促销，以及当地广义市场上同款或竞争车款的饱和度或供求关系变化等业务风险。需要指出的是，新车降价一定会影响二手车市场，但时间和幅度一定不会同步（否则所有二手车商家早就赔得倾家荡产了）。

业务操作风险，包括鉴定评估过程中，对车况、火烧/泡水/事故情况、被盗抢骗、拼装、违法改装、抵押/质押情况、营运/非营运情况的甄别；试乘试驾、办理转移登记过程中的操作；采购车辆登记证书的存放、销售人员组织销售的凭证管理、采购车辆预留尾款的支付、销售车辆的车款去向等。这些都属于"技术层面"的风险，通过提升相应技术能力和优化管理制度就能基本避免。

人员道德风险，主要指鉴定评估/收购/销售等作业环节中，相关责任人的主观故意导致的风险，例如"飞单"（走私）和贪污等。这类风险可以通过严肃制度、严格管控、常态法制教育、思想引导等方式来减小或杜绝。

1.3 关键绩效指标体系

"凡事豫则立，不豫则废"，二手车经营的各项业务均需合理谋划、切实规划，并进行管理和考核。表1-4所示为二手车年度业务目标规划及预算示例。

二手车业务讲求投资回报和利润最大化，必须通过制订绩效指标来评价业务质量。二手车业务的关键绩效指标有财务/库存管理指标、市场营销管理指标、采购业务管理指标、整备业务管理指标、销售业务管理指标、增值业务管理指标等。表1-5所示为二手车企业关键绩效指标体系及管控示例。

第1章 二手车人力建设：以人为本，谋事在人

表1-4 二手车年度业务目标规划及预算示例

项目			时间	××年		××+1年	
				实绩	月均	目标	月均
业务数量	新车销售数量						
	二手车采购数量						
		置换量					
		收购量（含在用车开发）					
		外采量					
	二手车销售数量						
		零售量					
		批售量（含拍卖）					
业务毛利	二手车毛利						
		零售毛利					
		批售毛利					
	平均单车销售毛利						
关键指标	置换率						
	零售占比						
	零售车均毛利率						
	平均库存周期						

项目		时间	××年	××+1年
			现有	预计
人员编制（人）	二手车总监/经理			
	二手车信息员			
	二手车鉴定评估人员			
	新媒体直播人员			
	二手车销售顾问			
	合计			

项目	时间	××年	××+1年
		现在	预计
二手车准备金额度/万元			
隶属情况	是否独立部门 □是 □否	隶属××部门	隶属××部门

表 1-5 二手车企业关键绩效指标体系及管控示例

序号及项目	1	2	3	4	5	6	7	8	9	10	11	12	13	14	15	16	17	18	19	20	21	22	23	24	25	26
	新车销量/辆	评估量/辆	置换量或采购量/辆	置换率(置换量/新车销量)(%)	本品置换占比(%)	收购量(含售后、外采)/辆	售后收购占比(含置换)(%)	购评比(收购量(置换量+置换量)/评估量)(%)	认证量/辆	认证量达成率(%)	置换认证贡献(%)	外采认证贡献(%)	售后认证贡献(%)	采购成本(包括置换、采单)(元/采)/月	车均采购成本(包括置换、采单)/(元/车)	车均整备成本/元	零售销售量/辆	批售销售量/辆	零售车均销售价格/元	批售车均销售价格/元	二手车毛利(除去税费和整备成本)/(元/月)	车均毛利/元	平均库存期/天	毛利率(毛利/销售额)(%)	零售或批售比例(%)	总毛利/元
×月																										
年度																										
关注人及频率	新车销售顾问及二手车人员、鉴定评估人员/每周				二手车服务及财务经理及二手车经理/每月		二手车服务及二手车经理/每周	二手车经理/每月			二手车经理/每月			二手车及财务经理/每月			二手车及财务经理/每月								总经理、财务经理及二手车经理/每月	

需要说明的是,在第 2 章的二手车鉴定评估环节就要预估采购价格、销售价格、库存周期和销售利润等具体业务指标。

1.3.1 财务/库存管理指标

1. 核心指标

核心指标有投资回报率(ROI,=年利润或年平均利润/投资总额×100%)、总毛利、平均毛利率、平均库存天数。

平均毛利率建议设定为 5%~8%。平均毛利率过低可能导致经营管理能力底下、引发人员道德风险,过高可能导致成交率低、销售困难。

零售车辆平均库存天数建议设定为:10 万元以下的车辆 30 天,10 万~20 万元的车辆 45 天,20 万~50 万元的车辆 60 天,50 万~100 万元的车辆 90 天,100 万元以上的车辆 120 天。导致零售车辆平均库存天数过低的原因可能是将本该零售的车辆批发售出。

2. 一般指标

一般指标有零售毛利率、批发毛利率、批发车辆库存周期、库存系数。

零售毛利率建议设定为 3%~6%,如果辅以按揭、保险等衍生业务则可以再适当提高;批发(建议采用拍卖方式)毛利率建议设定为 5%~12%;批发车辆库存周期建议设定为 3 天,最长不超过 5 天;库存系数(=期末零售库存量/当期零售量,也称库存深度或库销比)建议设定为 1.5~2。

1.3.2 市场营销管理指标

1. 核心指标

核心指标有年度/月度营销费用、垂直媒体平台数量、年度/月度集客目标及实际数。

2. 一般指标

一般指标有线下/线上营销费用、新媒体平台数量、年度/月度线上/线下集客目标、达成目标及达成率、月度线上/线下邀约到店率。

1.3.3 采购业务管理指标

1. 核心指标

核心指标有评估量、采购量、置换率、置换评估量（后两项针对品牌汽车经销商的二手车业务）。

2. 一般指标

一般指标有销售/售后业务开口率（针对品牌汽车经销商的二手车业务）、评估成交率、在用车评估量（针对品牌汽车经销商的二手车业务）、置换采购量（针对品牌汽车经销商的二手车业务）、外部评估量、外部采购量、在用车采购量（针对品牌汽车经销商的二手车业务）、本品牌和认证车采购量（针对品牌汽车经销商的二手车业务）、车均采购成本、本品牌车辆车均采购成本（针对品牌汽车经销商的二手车业务）、其他品牌车辆车均采购成本（针对品牌汽车经销商的二手车业务）。

1.3.4 整备业务管理指标

1. 核心指标

核心指标有平均整备周期、平均整备成本。

车辆的平均整备周期根据整备作业的深度和广度来确定，不能超过10天，时间过长影响销售（批发车辆不需整备，最

第 1 章 二手车人力建设：以人为本，谋事在人

多仅需清洁）；建议整备成本≤20%毛利，如果零售过程中能成倍地将整备成本收回，也可以超过20%。

2. 一般指标

一般指标主要是整备验收合格率。不论外包整备还是企业自己整备，都必须保证整备验收合格率≥95%。外包整备不合格必须返工且拒付整备费用，企业自己整备不合格必须追究相关人员责任。

1.3.5 销售业务管理指标

1. 核心指标

核心指标有销售量、零售占比、展车日检合格率。

如果每月、每周的销售量过低，是难以完成年度销售目标的；零售占比过低表明将本该零售的车辆批发出售了，会流失很多按揭、保险等衍生业务，进而降低盈利能力；展车日检合格率代表了展车展示水平、日常维护水平、业务管理能力和团队执行力。

2. 一般指标

一般指标有成交率、零售量、线下零售占比、垂直媒体零售占比、转介绍率、试乘试驾率、批发占比、投诉率，本品牌和认证车零售量（针对品牌汽车经销商的二手车业务）等。

成交率高表明商谈能力强、利用客户资源的能力强；零售量处于合理水平能赢得很多按揭、保险等衍生业务；转介绍率高能降低获客/集客成本，提升销售效率；批发占比过高表明零售能力较差或存在人员道德风险；投诉率高（客户恶意投诉除外）代表服务意识差、诚信度低，会导致转介绍率低、回头客少，还会增加经营管理的法律风险。

1.3.6　增值业务管理指标

1. 核心指标

核心指标有按揭渗透率、保险渗透率。

2. 一般指标

一般指标有按揭销售量及其收益、保险销售量及其收益、精品业务收益、零售车辆平均服务费收入。

1.4　岗位能力建设

1.4.1　业务培训

1. 概述

业务培训的目的是统一思想、统一标准、统一动作、统一流程、统一话术，服务于总体目标，致力于提升团队凝聚力和战斗力，重点是改善业务短板，促进业绩较差员工的进步。

2. 培训对象

对于品牌汽车经销商二手车部门、二手车经销企业，除与二手车业务直接相关的人员外，参与置换业务的新车销售顾问/主管、参与在用车开发业务的售后服务顾问/主管、与二手车保险/金融/精品销售业务相关的人员、与二手车客户满意度调查/回购业务相关的人员，都应纳入培训对象的范畴。

3. 培训内容

入职/岗前培训的基本内容应包括职业道德/操守、商务礼仪、执业要求、企业规章制度、汽车/二手车行业相关政

第 1 章　二手车人力建设：以人为本，谋事在人

策/法规/标准、公安交管等部门二手车相关文件、汽车/二手车市场和行业形势等。针对品牌汽车经销商，还应加入汽车生产厂家二手车相关商务政策、业务要求等内容。

业务培训的基本内容应包括汽车构造/维修基础、二手车鉴定评估/采购/回购/拍卖/整备/展示/营销/销售、二手车转移登记、二手车售后服务、二手车出口、衍生产品销售等，要聚焦于操作流程/技巧/话术、工具使用、风险判定与管控以及横向合作。

与财务、业务指标、绩效及激励制度相关的培训内容，要注意保护商业秘密，仅限于企业内部流转。

针对管理、营销岗位，还要加强消费行为/心理学、市场营销学等专业领域的培训。

4. 培训形式与素材

培训形式包括讲解、研讨、访谈、场景模拟/角色扮演、演讲、无主题辩论、无领导小组讨论、比赛、团队建设等。此外，还可以外派参加汽车生产厂家或社会机构组织的二手车相关业务培训。

除一对一、一对多、多对多等常见线下培训形式外，还可以组织线上培训，包括观看汽车生产厂家上传在空中课堂、云端培训的内容。必要时可以专门录制培训视频，要求参训人员通过移动终端自学。

培训素材包括行业相关法规/政策/制度/标准文件、汽车/二手车行业蓝皮书、企业规章制度文件、行业知识视频/音频资料、互联网公开资料、汽车生产厂家培训/转训资料等。

5. 培训计划、时间、频率

"无计划，不培训"，要提前制订培训计划并在一定范围内公示。建议每年最后 10 天制订下一年度的培训计划，根据需求、进度和培训效果，到年中时调整一次培训计划，每月最后 3 天制订下个月的培训计划。制订培训计划前

要做培训需求调研，保证培训有实用性、实战性和针对性。

培训计划应包括但不限于参训人、培训地点、培训时间和时长、主讲人、培训主题和内容、培训形式和要求，以及是否测评/考试，测评/考试的形式、合格标准等。

建议在工作日下班后或工作日客户最少的时段内开展培训，政策宣导类培训时长建议不超过 60min，知识技能类培训时长建议不超过 90min。

培训频率建议每月 1~2 次。每月必须有，但不宜超过 2 次，否则可能流于形式，或导致参训人疲于应对，影响培训效果。

6. 培训师资、地点

培训师资既可以是专职（兼职）内训师，也可以是业务能力强的领导、优秀员工、业务标兵。必要时可付费邀请第三方专业机构组织实施。对于兼职内训的企业（部门）人员，应当支付劳务费。

内训可以在专用培训室、展厅（针对与产品相关的培训）进行，外训视内容而定。

7. 培训效果检核

"无检核，不培训"，没有检验和考核的培训，就会流于形式，只会浪费时间和精力。

检验培训效果的方式不拘一格，最简单直接的是测评/考试，此外，还可以是业务技能比赛。培训后要采集满意度和学习收获/心得，组织研讨、访谈、辩论、场景模拟等活动。

无论采用哪种形式检验，都要设定合格标准，对于不达

第1章 二手车人力建设：以人为本，谋事在人

标的参训人，要进行再培训和再考核，再考核后仍不达标的参训人，建议调整工作岗位，或做解聘/劝退/辞退处理。

二手车鉴定评估职业资质的演变

为加强旧机动车流通管理，规范旧机动车交易行为，保障旧机动车交易双方的合法权益，1998年3月，原国内贸易部颁发了《旧机动车交易管理办法》（同时也定义了"旧机动车"概念），规定："国务院商品流通行政主管部门负责组织对旧机动车评估定价从业人员进行培训和考核，对考核合格者颁发旧机动车评估定价师证书。旧机动车评估定价从业人员必须取得旧机动车评估定价师证书方可上岗。"自此，就有了"旧机动车鉴定评估师"这类职业资质，并逐渐形成了庞大的培训市场。

2005年10月，由商务部、公安部、工商总局、税务总局联合发布的《二手车流通管理办法》，在以"二手车"一词取代"旧机动车"一词的同时，规定二手车鉴定评估机构应当"有3名以上从事二手车鉴定评估业务的专业人员（包括本办法实施之前取得国家职业资格证书的旧机动车鉴定评估师）"，进一步掀起了二手车鉴定评估人员的培训热潮。

为了推进简政放权、深化人才发展体制机制改革，2016年12月，国务院印发《国务院关于取消一批职业资格许可和认定事项的决定》，取消了人力资源和社会保障部水平评价类的"鉴定评估师"的许可和认定，自此，"二手车鉴定评估师"职业资格便退出了历史舞台。

目前，中国汽车流通协会等机构会定期组织"二手车鉴定评估岗位技能"培训，内容和形式与原"二手车鉴定评估师"职业资格培训相同或相近，对考核合格的参训人，会颁发机构自己认证的"岗位技能证书"，但其性质完全不同于"二手车鉴定评估师职业资格证书"。

1.4.2 业务演练

1. 概述

业务演练源于实践并服务实践，演练前要设定主题和场景。演练过程要尽可能接近实战，演练结束后要组织总结复盘，及时解决演练中发现的问题，避免在实际工作中复现。

2. 置换/采购/收购业务演练

适合新车销售顾问、二手车鉴定评估人员/采购人员共同参与，分小组组织演练和讨论。一个人/组扮演卖车客户、一个人/组扮演二手车鉴定评估人员/采购人员、一个人/组扮演新车销售顾问，一轮演练完成后交换角色再次演练，保证所有人/组扮演过全部角色。

演练过程中要模拟或再现卖车客户的问题、疑惑、顾虑、抗拒，新车销售顾问和二手车鉴定评估人员/采购人员要密切配合、协同解决。新车销售顾问要尽可能"表演"得像站在客户的立场上，帮客户争取利益，同时向客户说明置换的好处，而二手车鉴定评估人员/采购人员要如实分析车况，解释出价的合理性，力争达成置换或采购业务。

3. 在用车开发业务演练

适合售后服务顾问、二手车鉴定评估人员/采购人员共同参与，分小组组织演练和讨论。一个人/组扮演来店修车且有卖车意向的客户、一个人/组扮演二手车鉴定评估人员/采购人员、一个人/组扮演售后服务顾问，一轮演练完成后交换角色再次演练，保证所有人/组扮演过全部角色。演练注意事项同"置换/采购/收购业务演练"。

4. 二手车销售业务演练

适合新车销售顾问、线上/线下二手车销售顾问、二手车销售经理/主管共同参与，分小组组织演练和讨论。一个人/组扮演买车客户，一个人/组扮演二手车销售顾问，一轮演练完成后交换角色再次演练，保证所有人/组扮演过全部角色。

二手车销售顾问要为买车客户做需求分析，介绍、讲解车况、配置、卖点，说明在本公司购买的好处。

5. 线上平台/自媒体客户邀约、商谈业务演练

适合呼出/邀约/直播专员、线上/线下二手车销售顾问、二手车销售经理/主管共同参与，分小组组织演练和讨论。一个人/组扮演买车客户、一个人/组扮演二手车销售顾问，一轮演练完成后交换角色再次演练，保证所有人/组扮演过全部角色。

二手车销售顾问和二手车销售经理/主管要密切配合、协同邀约客户来店，必要时交叉复盘邀约，遇到问题协调解决。呼出/邀约/直播专员或二手车销售顾问要为客户做需求分析，介绍车况、配置、卖点，说明在本公司购买的好处。

1.4.3 标杆引领

榜样的力量是无穷的。无论是二手车经销企业员工，还是品牌汽车经销商二手车部门员工，都应当积极向行业内的佼佼者学习，对标他们的业绩来提升自我。学习方式可以是优秀案例借鉴，也可以是"走出去"考察拜访，还可以是"请进来"授课分享。企业内部要建立各项业务冠军的分享、帮扶、引领机制。

标杆引领的内容包括但不限于：绩效制度的制订和优化，业务流程的执行和优化，服务工具的规范和合理使用，绩效指标的设置、改善和提升，业务商谈技能的优化和提升，新媒体 App 的使用和改善，各类直播平台的使用和引流技巧，市场营销的前瞻性理念和操作实务等。

对于品牌汽车经销商二手车部门，汽车生产厂家总结、下发的优秀案例也是很好的"标杆"素材，应当组织员工认真学习研讨，充分借鉴转化。

1.5 制度文化建设

1.5.1 制度制订与执行

1. 概述

"不以规矩，不能成方圆"，只有靠全行业人员的诚信经营、规范管理，才有可能改变二手车行业长期以来给人们留下的"水很深""灰色地带"等不良印象。

合法、合理的规章制度是企业内部的"宪法"，是企业与员工在共同劳动中所必须遵守的劳动行为规范的总和，是企业规范运行和保障人权的重要方式之一，每一位企业员工都必须100%遵守和执行。

2. 规章制度的主要功能与意义

规范管理能使企业经营有序，增强企业的竞争力。制订规范能使员工行为合矩，提高劳动效率。建立和完善现代企业制度,规范指引部门工作与职工行为,保证经营目标的实现，能有效防范和管控业务风险。

3. 规章制度体系及主要内容

（1）人力资源管理制度

主要内容包括但不限于：人员招聘、入职/业务培训、公司规章制度宣讲，人员试用、考核、薪酬/绩效制度，考勤、

第1章 二手车人力建设：以人为本，谋事在人

休假/请假/年假，人员转正、晋升、转岗、辞退、开除。

（2）财务管理制度

主要内容包括但不限于：业务资金额度、成本及安全，场地租金成本及管控，购车款项申请、归还审批流程及占用周期和孳息事项，购车尾款额度设定及结算，置换业务客户二手车款抵用新车款审批流程，登记证书保管，二手车销售统一发票使用及管理，销售毛利率、零售车辆毛利率、合作/批发/拍卖车辆毛利率及应收/应付账款管控，汽车生产厂家考核/返利指标、完成结果（针对品牌汽车经销商）。

（3）法务和廉政建设管理制度

主要内容包括但不限于：依法合规经营的制度措施，经营过程中的法律风险提示及管控，遇到交易纠纷时的企业依法维权处置措施，员工利用职务之便受贿贪污的预警和管控措施。

（4）业务信息/业务档案管理制度

主要内容包括但不限于：评估/置换/采购/销售/求购/出口/成交/垂直网站/新媒体平台/直播平台客户信息及档案的保密、储存、传递、归档、管理措施，合作伙伴信息的管理措施，（汽车生产厂家）考核、返利、资料提报信息的收/寄、传递、归档、管理，员工入职/离职信息、档案，客户抱怨/投诉处理信息及档案的管理，员工手册、公司（部门）规章制度、培训记录管理。

（5）置换业务管理制度

主要内容包括但不限于：置换成交客户/潜在客户及其车辆信息管理，置换业务推荐人信息管理，置换业务激励/绩效机制，置换流程标准化、置换商谈优化/固化规定，置换合同签署及履行，置换业务全员营销信息，开口率/置换量/置换率指标设定，置换二手车价格的决策机制和流程。

（6）在用车开发业务管理制度

主要内容包括但不限于：在用车开发成交客户/潜在客户及其车辆信息管理，在用车开发业务推荐人信息管理，在用车开发业务激励/绩效机制，在用

车开发流程标准化措施，在用车开发商谈优化/固化规定，在用车开发成交合同签署及履行，在用车开发业务全员营销信息，在用车开发开口率/评估量/采购量指标设定，采购二手车价格的决策机制和流程。

（7）鉴定评估业务管理制度

主要内容包括但不限于：鉴定评估后成交客户/潜在客户及车辆信息管理，评估业务推荐人信息管理，评估业务激励绩效政策，评估流程标准化措施，评估商谈/配合优化/固化规定，评估量/评估成交率指标设定。

（8）外部采购/单一采购业务管理制度

主要内容包括但不限于：采购范围设定，评估量/采购量绩效指标设定，采购业务激励/绩效机制，采购业务推荐人信息管理，采购成交合同签署及履行，采购二手车价格的决策机制和流程，采购款项/采购尾款/佣金的结算/支付。

（9）整备业务管理制度

主要内容包括但不限于：整备业务范围及验收原则/标准/责任人确定，整备衔接人员确定，整备业务激励/绩效机制，整备费用申请/结算规则，整备车辆移动责任人确定。

（10）车辆展示管理制度

主要内容包括但不限于：进展厅标准/展示标准认定及责任人确定，展车日常维护/安全标准及责任人确定，展示陈列变动负责人确定，车辆展示责任人激励/绩效机制。

（11）零售业务管理制度

主要内容包括但不限于：成交客户/潜在客户信息管理，业务推荐人信息管理，业务激励/绩效机制（含溢价销售部分），

第1章 二手车人力建设：以人为本，谋事在人

零售流程标准化、零售商谈优化/固化措施，零售合同签署及履行，零售业务全员营销信息管理，销售价格管控措施和权限，销售量/毛利率指标设定，回购及老客户转介绍佣金等商务政策的设定和宣讲。

（12）试乘试驾管理制度

主要内容包括但不限于：试乘试驾安全措施，试乘试驾线路规划/确认及执行，试乘试驾项目确认，客户身份核对/试乘试驾承诺书签署，试乘试驾后意见调查，试乘试驾车辆日常维护管理责任及责任人确定，试乘试驾过程中引导购买的技巧及话术确定，许可试乘试驾员工的确定等。

（13）批发/拍卖业务管理制度

主要内容包括但不限于：批发/拍卖合作企业的选择、对接责任人的责任及确认，成交后转移登记等事项办理时限的确认，业务激励/绩效机制（含溢价销售部分），销售/拍卖合同的签署及履行，销售款项结算时限，批发业务全员营销信息管理，销售量/毛利率指标设定，出口业务的规划及实施。

（14）衍生产品销售业务管理制度

主要内容包括但不限于：保险、金融（按揭）、精品等衍生产品的销售、渗透率及利润目标的设定与监督执行，销售技巧、话术、辅助工具的设置、培训、优化、固化，销售激励/绩效机制（含溢价销售部分）。

（15）客户满意度和投诉处理管理制度

主要内容包括但不限于：鉴定评估、置换、零售、衍生、试乘试驾等业务环节的客户满意度调查、管控及提升，客户投诉、业务纠纷的管控及处理技巧、流程、话术、应急预案设定等。

（16）转移登记业务管理制度

主要内容包括但不限于：转移登记业务安全（车辆行驶安全等）、流程、时限设定，外包转移登记业务合作协议的签订及履行措施、合作费用的约定及结算事项。

（17）市场/自媒体运营管理制度

主要内容包括但不限于：年度市场营销计划制订与半年调整的实施，月度营销计划制订与执行，市场营销平台的选择与合作事宜确定，市场营销线索/信息的获取、分配、跟踪，邀约规则的设定，市场/自媒体运营人员的激励/绩效机制，市场营销费用的结算。

（18）直播运营管理制度

主要内容包括但不限于：年度直播计划制订与半年调整的实施，月度直播计划、选题、频率的制订与执行，直播平台的选择与合作事宜确定，有效线索/信息的获取、分配、跟踪，邀约规则的设定，直播运营人员的激励/绩效机制。

（19）车辆回购管理制度

主要内容包括但不限于：在销售、交车等流程植入车辆回购业务宣讲的要求，车辆回购商务政策的设定和营销解读，回购车辆价格的决策机制和流程，回购成交合同签署及履行，成交款项结算，转移登记等事项办理时限的确认。

（20）质保、认证和退换车管理制度

主要内容包括但不限于：零售车辆质保的前提条件、范围、期限和承诺，车辆认证的前提条件及认证规则，退/换车的前提条件及规则，厂家质保剩余政策的延续和衔接。

（21）库存和库存车辆管理制度

主要内容包括但不限于：合理库存期、预警库存期、超长库存期的标准设定（注意，零售车辆单价越高，库存周期越长），零售车辆、批发车辆库存期的标准设定，超长期库存车辆的经营问责、处置规则、审批权限，合理库存系数（深度）标准的制订与执行，库存结构（不同价位车辆占比、本品/其他品牌车辆占比等)的确定与管控执行(库存车辆管理主要关注存放安全、临卖状态保持等,可参考新车库存管理规范执行)。

(22)采购/销售佣金及全员营销管理制度

主要内容包括但不限于:采购和销售佣金的标准、支付时限、支付方式,全员营销的激励/绩效机制。

(23)对外合作管理制度

主要内容包括但不限于:批发/拍卖企业或合作伙伴的初选、招标、确定规则及决策人,合作模式/方式的设定,合作车辆往来的行驶责任划分,行驶安全、车辆保全措施的规定,业务资金的结算规则,合作协议的签署与履行,外埠合作车商的车辆甄选、远程合同签订,车辆发放、板车运输及运送车辆的保险,车款结算,车辆出口业务的计划和实施,海外销售渠道的拓展及相应业务责任人的确定。

1.5.2 风险识别与管控

1. 风险预判与识别

预判国家/地方是否会出台、实施影响二手车行业的政策法规,预判未来新车价格走向,调研/预估实体二手车市场的行情,预判员工业务能力不足可能带来的业务风险,评估员工的思想动态是否会导致经营损失。

如果国家/地方出台影响二手车行业发展的政策法规(比如环保/排放限制、转移登记限制),表明风险临近。如果主流汽车品牌的走量/畅销车型新车价格下降幅度较大,表明线上/线下二手车经销商的相同或竞争车型面临降价风险,但二手车价格的下降幅度不会超过新车,且市场反应滞后于新车市场。如果二手车鉴定评估人员、整备技师的业务操作差错率增大,信息专员对信息、档案的管理准确性降低,网络营销专员对线索跟进不及时、邀约到店率降低,表明已经存在业务风险。如果新车销售部门和售后服务部门的评估量骤降(可能有"飞单""走私"情况），批发车辆的毛利率与同城/地区平均水平相比明显过低，表明可能存在人员道德风险。

2. 风险管控

"有所为有所不为"是二手车业务风险管控的原则，企业不可能将所有经营管理漏洞都堵住，也不可能管控所有人。借助对违法/违规事件的处理，加强法纪和职业道德教育，能有效降低人员道德风险。通过抓住关键问题和关键人，例如制订、执行合理且具有挑战性的经营目标和业务绩效指标（如业务开口率、置换率、毛利率、平均库存周期等质量指标），再辅以严格的过程管理，能有效管控业务风险。

第 2 章

二手车鉴定评估
洞若观火
明察秋毫

2.1 鉴定评估必修课

2.2 鉴定评估关键绩效指标设置

2.3 鉴定评估业务流程

2.4 静态鉴定工具与方法

2.5 机动车证明与凭证等要件审核

2.6 车辆所有人身份证明与凭证审核

2.7 价格估算与报价

2.8 再次鉴定评估

2.9 仪器设备鉴定

本章导读

鉴定评估是二手车采购和销售业务的基础和保障。本章介绍了汽车/二手车行业的基本常识和概念，车辆证明凭证和所有人身份审核要领，二手车鉴定评估流程和工具，鉴定评估业务指标规划，鉴定评估的技术要领、作业内容和注意事项等内容。

2.1 鉴定评估必修课

2.1.1 汽车的总体构造

1. 概述

传统意义上,汽车主要由动力传动系统、底盘、车身和电气系统四部分组成。近些年有一种新的划分趋势,将汽车结构划分为动力总成(发动机和变速器或动力蓄电池和驱动电机)、车身工程、底盘工程、内饰工程、空调系统、电子系统六部分。图2-1所示为燃油汽车结构示意。

图2-1 燃油汽车结构示意

(1)发动机

发动机的作用是将燃料的化学能转化为机械能输出,进而驱动车辆。汽车广泛应用的往复活塞式发动机,一般由机体、曲柄连杆机构、配气机构、燃油供给系统、冷却系统、润滑系统、点火系统(汽油发动机)、起动系统等部分组成。

（2）底盘

汽车底盘通常由以下部分组成。

1）传动系统，其作用是将发动机的动力传递给驱动轮，通常由离合器（配合手动变速器/双离合变速器）、液力变矩器（配合自动变速器）、变速器、传动轴、主减速器及差速器、半轴等组成。

2）行驶系统，其作用是使汽车各总成及部件安装在适当位置，对全车起支承作用，缓和道路冲击和振动，通常由车架、前后悬架、前后车轮等组成。

3）转向系统，其作用是使汽车按驾驶人操作的方向行驶，通常由转向盘、转向柱、转向传动装置组成，多数还带有转向助力装置。

4）制动系统，其作用是使汽车减速、停止或驻车，通常由前后轮制动器、驻车制动器、控制装置、供能装置等组成。

（3）车身

车身是容纳驾驶人、乘客及货物的部件，通常由车前板制件（俗称车头）、车身本体、货舱（货车）等组成，有时还包括某些车型上的专用作业设备。

（4）电气系统

电气系统通常由供电系统、发动机起动和点火系统、照明和信号装置、仪表、空调系统、音响系统等组成。

2. 汽车的总体布置形式

汽车按动力总成的布置位置和驱动形式，通常分为以下几种总体布置形式（图2-2）。

1)发动机前置后轮驱动(FR),多数货车、少数轿车(尤其是豪华轿车)采用(图2-2a)。

2)发动机前置前轮驱动(FF),多数轿车采用,优点是结构紧凑、传动效率高(图2-2b)。

3)发动机后置后轮驱动(RR),多数大中型客车、少数轿车和跑车采用(图2-2c)。

4)发动机中置后轮驱动(MR),多数跑车、赛车、某些大中型客车采用(图2-2d)。

5)发动机前置全轮驱动(AWD),多数越野车、少数轿车采用(图2-2e)。

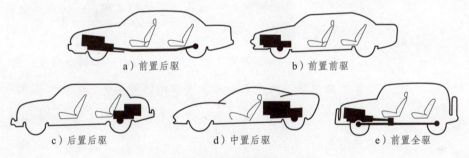

图2-2 汽车的总体布置形式示意

实战链接

汽车行业术语

汽车行业术语涉及工程技术、服务、行政管理等多个领域,二手车从业人员要熟练掌握。

主要的汽车相关术语如下。

1)道路,指公路、城市道路和虽在单位/居民小区管辖范围内但允许社会机动车辆通行的地方,包括广场、公共停车场等用于公众通行的场所。

2)道路车辆,指设计和制造上用于在道路上载运人员、运送物品或进行专项作业,法律允许上道路行驶的车辆,包括机动车和非机动车。

3）机动车，指由动力装置驱动或牵引，上道路行驶的供人员乘用或用于运送物品以及进行工程专项作业的轮式车辆，包括汽车及汽车列车、摩托车、轮式专用机械车、挂车、有轨电车、特型机动车和上道路行驶的拖拉机，不包括虽有动力装置但最大设计车速、整备质量、外廓尺寸等指标符合有关国家标准的残疾人机动轮椅车和电动自行车。

4）完整车辆，指已具有设计功能，无需再进行制造作业的车辆。

5）非完整车辆，指至少由车架、动力系统、传动系统、行驶系统、转向系统和制动系统组成的车辆，但仍需要进行制造作业才能成为完整车辆。

6）汽车平台，即汽车生产平台，指由汽车制造商设计的、多个车型共用的产品平台。汽车的工业化生产方式经历了三次转变，即流水线式生产方式→平台式生产方式→模块化生产方式。

7）车辆类型，指根据机动车的规格、结构和使用性质等确定的机动车类型。

8）汽车，指由动力驱动、具有四个或四个以上车轮的非轨道承载的车辆，包括与电力线相联的车辆（如无轨电车），主要用于载运人员和／或货物（物品）、牵引载运货物（物品）的车辆或特殊用途的车辆、专项作业。

9）在用车，指从注册登记后到报废前尚在使用的机动车。

10）二手车，指从办毕注册登记到国家强制报废标准期限一年前进行交易并转移所有权的机动车，包括汽车、摩托车、三轮汽车、低速载货汽车，以及其他汽车和挂车。

11）官方认证二手车，指由汽车制造商担保，经汽车制

第2章 二手车鉴定评估：洞若观火，明察秋毫

造商授权经销商的专业人员按照一定标准进行专业、全面评估、检测以及翻新整备，由汽车制造商授权经销商依法再销售给终端客户的限定行驶里程的非泡水、非火烧、无结构件损伤的品牌二手车。购买官方认证二手车的客户能得到有限售后保障、特定条件下退换车，以及与新车相同的维修、道路救援等服务。

12）柠檬市场/柠檬车，柠檬市场指信息不对称的二手车市场，柠檬车指存在目视难以发现的重大缺陷和/或重大问题的二手车。

13）乘用车，指设计和制造上主要用于载运乘客及其随身行李和/或临时物品的汽车，包括驾驶人座位在内至多有9个座位。乘用车可以装载一定的专用设备或器具，也可以牵引一辆中置轴挂车。

14）商用车，指在设计和技术特性上用于运送人员和货物的汽车，并且可以牵引挂车，不包括乘用车。

15）轿车，指车身结构为两厢式且乘坐人数不大于5人，或车身结构为三厢式且乘坐人数不大于9人，安装座椅的载客汽车。

16）摩托车，指由动力装置驱动的，具有2个或3个车轮的道路车辆，不包括：整车整备质量超过400kg、不带驾驶舱、用于载运货物的三轮车辆；整车整备质量超过600kg、不带驾驶舱、不具有载运货物结构或功能且设计和制造上最多乘坐2人（包括驾驶人）的三轮车辆；整车整备质量超过600kg的带驾驶舱的三轮车辆；最大设计车速、整车整备质量、外廓尺寸等指标符合相关国家标准和规定的，专供残疾人驾驶的机动轮椅车；符合电动自行车国家标准规定的车辆。

17）旅居车，指装备有睡具（可由桌椅转换而来）及其他必要生活设施，用于旅行住宿的汽车。

18）客车，指设计和制造上主要用于载运乘客及其随身行李的汽车，包括驾驶人座位在内的座位数大于9个。根据是否设置有乘客站立区，分为未设乘客站立区的客车和设有乘客站立区的客车。

19）气体燃料汽车，指装备以石油气、天然气或煤气等气体为燃料的发动

机的汽车。

20）两用燃料汽车，指具有两套相互独立的燃料供给系统，且两套燃料供给系统可分别但不可同时向燃烧室供给燃料的汽车，例如汽油／压缩天然气两用燃料汽车、汽油／液化石油气两用燃料汽车等。

21）双燃料汽车，指具有两套燃料供给系统，且两套燃料供给系统按预定的配比向燃烧室供给燃料，使燃料在缸内混合燃烧的汽车，例如柴油－压缩天然气双燃料汽车、柴油－液化石油气双燃料汽车等。

22）纯电动汽车，指由电机驱动，且驱动电能来源于车载可充电能量储存系统的汽车。

23）插电式混合动力汽车，指具有可外接充电功能，且有一定纯电驱动模式续驶里程的混合动力汽车，包括增程式电动汽车。

24）增程式电动汽车，指一种在纯电动模式下可以达到其所有的动力性能，且当车载可充电储能系统无法满足续驶里程要求时，车载辅助供电装置可以为动力系统提供电能以延长续驶里程的电动汽车。

25）燃料电池汽车，指以燃料电池（如氢燃料电池）作为主要动力电源的汽车。

26）动力蓄电池系统，指由1个或1个以上动力蓄电池组及相应附件（蓄电池管理系统、高压电路、低压电路、热管理设备以及机械总成）构成的为电动汽车整车的行驶提供电能的储能装置。

27）荷电状态（SOC），指当前蓄电池中按照规定放电条件可以释放的容量占可用容量的百分比，反映蓄电池的剩余容量状况。

28）营运车辆，指个人或单位以获取利润为目的而使用的机动车。

29）非营运车辆，指个人或单位不以获取利润为目的而使用的机动车。

30）拼装车，指未经国家机动车产品主管部门许可生产的机动车；或使用报废、走私、事故后整车理赔机动车的发动机（驱动电机）、方向机（转向器）、变速器、前后桥、车架（车身）等五大总成之一组装的机动车。

31）非法改装车，指未经国家有关部门批准，改变了已认证或已登记的结构、构造或特征的机动车；或使用了查封、抵押、被盗抢骗机动车的发动机（驱动电机）、方向机（转向器）、变速器、前后桥、车架（车身）等五大总成之一组装的机动车。

32）报废机动车，指使用达到一定年限，或行驶达到一定累计里程数，或其他原因造成汽车严重损坏或技术状况低劣且无法修复，根据《中华人民共和国道路交通安全法》《报废机动车回收管理办法》《报废机动车回收管理办法实施细则》等法规的规定需要/应当报废的机动车（含汽车）。

33）事故车，指由于碰撞、水淹、火灾、维修不当、使用不当等非自然损耗因素造成车身结构件严重损伤的机动车（含汽车）。事故车不等同于报废机动车，事故车如果不能修复、没有修复价值，或经修复不能满足道路交通安全法、机动车运行安全技术条件等法规要求，则可认定为报废机动车，必须做报废处理；事故车如果能修复、有修复价值，且修复后能满足道路交通安全法、机动车运行安全技术条件等法规要求，则经修复后可以继续使用。

事故车认定标准：A/B/C柱、4个减振器座、前纵梁等有变形、扭曲、烧焊、褶皱、钣金、切割（有切割更换痕迹即认定为切割），且缺陷面积较大（≥30mm×30mm），或车身严重不对称，或经修复仍然存在安全隐患。需要注意的是，D柱、大梁中段和后段存在上述缺陷，以及安全气囊爆裂，不作为事故车的认定标准。

34）火烧车，指经燃烧、炙烤等高温作用的车辆，可分为局部火烧车和全部火烧车。

火烧车认定标准：单点火烧熏黑碳化痕迹或火烧炙烤融化面积达到 $0.3\sim0.5m^2$ 或以上，或多点火烧痕迹累计面积达到 $0.8m^2$ 或以上。

35）泡水车，指经水或其他导电液体浸泡驾驶舱的车辆。泡水水位线在座椅底板以上（包含座椅底板）的车辆即可认定为泡水车。

泡水车缺陷状态认定标准：凡有泡水锈蚀（指车内金属部件因泡水而产生的大面积明显锈蚀）、泡水泥沙（指车内存在明显泥沙）、泡水水渍、泡水霉斑（指车内部件因泡水而产生的明显发霉）等现象，就可认定为有泡水缺陷。

（车辆）泡水分为动态泡水和静态泡水两类，发动机在工作状态下入水、动力蓄电池组透水称为动态泡水；非发动机工作状态下入水、非动力蓄电池组透水称为静态泡水。动态泡水和静态泡水都有低位泡水、中位泡水和高位泡水的等级之分。

36）独立悬架，指车桥为断开式，每一侧车轮单独通过悬架与车架（或车身）相连，每一侧车轮可以独立跳动的悬架形式。

37）非独立悬架，指两侧车轮通过整体式车桥相连，车桥通过悬架与车架或车身相连的悬架形式。如果行驶中路面不平，一侧车轮被抬高，整体式车桥将迫使另一侧车轮产生运动，因此乘坐舒适性一般不及独立悬架。

38）车身，指供驾驶人操作车辆，以及容纳乘客及其随身行李和货物的场所。

39）承载式车身，指无独立车架的整体车身结构形式。大多数轿车和部分大型客车都取消了车架，而以车身兼顾车架的作用,将所有部件固定在车身上,所有来自车内外的载荷都由车身承受,见图2-3a。

40)半承载式车身,指车身与车架刚性连接,车身承受部分载荷的结构形式。

41)非承载式车身,指车身悬置于车架上的结构形式。多数货车、越野车采用这一形式,见图2-3b。

a)承载式车身

b)非承载式车身

图2-3 承载式车身和非承载式车身示意

42)一厢式车身,指发动机舱、驾驶舱和行李舱在外形上形成一个空间形态的车身。

43)两厢式车身,指发动机舱、驾驶舱和行李舱在外形上形成两个空间形态的车身。

44)三厢式车身,指发动机舱、驾驶舱和行李舱在外形上形成各自独立形态的车身。

45)封闭式车身,指顶盖作为车身本体一部分的车身。

46)开放式车身,指驾驶舱为敞顶或顶部按需要可开闭的车身。

47)白车身,指涂装前的车身,是车身结构件和覆盖件的总称。

48)涂装车身,指涂装后的白车身。

49)车身结构件,指组成车身本体,保证车身强度和刚度的零部件。

50)汽车缺陷,指由于设计、制造等方面的原因而在某一批次、型号或类别的汽车产品中普遍存在的具有同一性的危及人身、财产安全的不合理危险,或不符合有关汽车安全的国家标准的情形。

51）缺陷汽车产品召回，指按照国家缺陷汽车产品召回管理相关法规要求的程序，由缺陷汽车产品制造商（包括进口商）选择以修理、更换、收回等方式消除其产品可能引起人身伤害、财产损失的缺陷的过程。

52）汽车"三包"，指为了明确家用汽车产品修理、更换、退货（简称"三包"）责任，保护消费者的合法权益，根据国家有关法律，制定的家用汽车产品修理、更换、退货的责任规定。

53）二手车认证，指二手车经销企业（含品牌汽车经销商二手车部门）按照国家有关法规、经营者或汽车制造商的标准和流程，对于特定使用年限内且在特定累计行驶里程内的、符合相关质量标准的二手车，经鉴定、检测、整备翻新、维修、确认后，在销售给买方时作出的有关质量、维修、退换的书面（有限）责任保证。

2.1.2 汽车的性能

性能是一辆汽车的发动机（或动力蓄电池组）、底盘、车身和电气系统的综合工作能力、形式表现、性价比的整体体现。性能决定了汽车的价值、销售价格和贬值程度。

1. **汽车的使用性能**

（1）汽车的动力性

汽车的动力性指汽车在良好路面上直线行驶时由其所受的纵向外力决定的、所能达到的平均行驶速度。

从获得尽可能高的平均行驶速度的角度出发，汽车的动力性主要由以下三方面的指标评定。

1)最高车速,指汽车在水平良好的路面(混凝土或沥青)上能达到的最高行驶速度。

2)加速时间,反映了汽车的加速能力,它对平均行驶速度有很大影响,可分为原地起步加速时间和超车加速时间。

原地起步加速时间指汽车由1档或2档起步,并以最大加速强度(包括选择恰当的换档时机)逐步换至最高档后,到某一预定的距离或车速所需的时间。

超车加速时间指用最高档或次高档由某一较低的车速全力加速至某一较高的车速所需的时间。超车时汽车与被超车辆并行,容易发生碰撞事故,超车加速时间越短,超车过程就越安全。

3)最大爬坡度,指汽车满载(或装载某一质量)时,在良好的路面上所能爬上的最大坡度。

(2)汽车的燃油经济性

汽车的燃油经济性指汽车在保证动力性的前提条件下以尽量少的燃油消耗量经济行驶的能力。

燃油经济性好,可降低汽车的使用成本、节约能源、减少排放。

汽车的燃油经济性常用一定的运行工况下汽车行驶100km的燃油消耗量或一定燃油量能使汽车行驶的里程来衡量。

我国常用汽车行驶100km的燃油消耗量来衡量汽车的燃油经济性,即百千米油耗,计量单位为L/100km,其数值越小,燃油经济性越好。

欧美国家常用一定燃油量能使汽车行驶的里程来衡量汽车的燃油经济性,即每加仑燃油能行驶的英里数(1mile=1.609344km),单位为mile/gal,其数值越大,燃油经济性越好。

(3)汽车的制动性

汽车的制动性指汽车行驶时能在短距离内停止且维持行驶方向稳定和在下长坡时能维持一定车速的能力。

汽车的制动性主要通过以下三方面来评价。

1）制动效能（制动距离与制动减速度），指在良好路面上，汽车以一定初始速度制动到停止的制动距离或制动时的减速度，是制动性的基本评价指标。

2）制动效能的恒定性（抗热衰退的能力），指汽车高速行驶或下长坡连续制动时制动效能保持的程度。

3）制动时汽车的方向稳定性，指制动时汽车避免发生跑偏、侧滑以及失去转向能力的性能。常用制动时汽车按给定路径行驶的能力来评价。

（4）汽车的操纵稳定性

汽车的操纵稳定性指在驾驶人不感到过分紧张、疲劳的前提下，汽车能遵循驾驶人通过转向系及车轮给定的方向行驶，且当遭遇外界干扰时，汽车能抵抗干扰而保持稳定行驶的能力。

（5）汽车的行驶平顺性

汽车的行驶平顺性指汽车行驶过程中是否影响驾乘人员身心健康或能否保持货物完好的特性。行驶平顺性主要通过驾乘人员的主观舒适性来评价，对于货车还包括货物的完好性。

（6）汽车的通过性

汽车的通过性指汽车能以足够高的平均车速通过各种坏路和无路地带（如松软地面、凸凹不平地面等）及各种障碍（如陡坡、侧坡、壕沟、台阶、灌木林、水障等）的能力，可分为支承通过性和几何通过性。

支承通过性评价指标包括牵引系数（单位车重的挂钩牵引力，即净牵引力）、牵引效率（也称驱动效率，指驱动轮输出功率与输入功率之比）、燃油利用指数（单位燃油消耗所输出的功)。几何通过性评价指标包括最小离地间隙、纵向通过角、前悬、后悬、接近角、离去角、最小转弯半径、车长、车宽、车高等。

(7)汽车的可靠性和耐久性

汽车的可靠性指汽车在正常使用条件下、规定的时间内完成必要工作的能力。汽车的耐久性指汽车在能正常使用的前提下,经济使用寿命的长短。

可靠性的评价指标包括首次大修里程、平均故障间隔里程等。耐久性的评价指标包括(报废前的)累计行驶里程或使用年限。

2. 汽车的其他性能

(1)汽车的安全性

汽车的安全性指汽车在运行中避免发生碰撞事故以及不幸(被)碰撞后减轻损失或避免和减少伤亡的能力,可分为主动安全性、被动安全性和事故后安全性。

1)主动安全性,指汽车能帮助驾驶人在所有交通状况下尽可能安全地避免事故发生的能力。典型的汽车主动安全技术主要有制动防抱死系统(ABS)、牵引力控制系统(ASR/TCS)、电子稳定程序(ESP)、转向随动的主动照明系统、驾驶人疲劳警告系统、车道偏离警告系统等。

2)被动安全性,指汽车不幸发生事故后,尽可能减小损伤(特别是人员伤亡)的能力。典型的汽车被动安全技术主要有高强度车身、车身溃缩吸能区、发动机碰撞下沉、预张紧式安全带、多段充气式安全气囊、夹层(塑化)安全玻璃等。

3)事故后安全性,指发生事故后使车内驾乘人员能安全、快速地从事故车内打开车门离开事故车,或驾乘人员能自主撤离/远离事故现场,以及施救人员能快速将受困人员从事故车内或事故现场抢救出来的性能。例如,发生严重的碰撞事故后,车门锁应能迅速解锁,便于车内人员开门逃生,或施救人员能从车外打开车门施救。

（2）汽车的低公害性（环保性）

汽车的低公害性指汽车在生产、使用乃至报废后，对生产、销售、维修、拆解人员，报废品处置人员，所有交通参与者，以及环境没有损害或损害程度在有关法规允许限度内的特性。

汽车引起的公害主要有交通事故、排放污染、噪声、电磁辐射、光污染、废旧电池污染等。

1）汽车的排放污染物，主要有排气污染物、曲轴箱污染物、蒸发污染物、排气可见污染物等，具体包括一氧化碳（CO）、碳氢（HC）、氮氧化物（NO_X）、颗粒物等。影响汽车排放污染物的因素主要有发动机的工况、转速、燃料、热状态，车辆运行工况、技术状态等。

典型的汽车排放污染物控制技术主要有汽油机稀薄燃烧、废气再循环（EGR）、曲轴箱排放物控制、蒸发排放物控制、二次空气喷射等。

2）汽车的噪声，可分为车外噪声和车内噪声，前者指汽车辐射到车外空间的噪声，主要包括发动机噪声、排气噪声、轮胎噪声、制动噪声、传动系噪声以及风噪声等；后者指通过各种声学途径传入车内的车外空间噪声，以及汽车各部分振动通过各种振动传递路径激发车身板件的结构振动，进而向车厢内辐射的噪声等。

2.1.3 汽车的主要技术参数

汽车的技术参数表征汽车的外部尺寸、发动机等机构的性能指标，是汽车技术性能的表现。

1）整车整备质量，指汽车完全装备好的质量，即完整的发动机（动力蓄电池组）、底盘、车身、全部电气电子设备和车辆正常行驶所需要的辅助物品（包括燃料、润滑油、冷却液和随车工具等）的质量之和。

2）最大总质量，指汽车满载时的质量。

3）最大装载质量，指最大总质量与整车整备质量之差。

4）车长，指垂直于汽车的纵向对称平面并分别抵靠在汽车前、后最外端凸出部位的两垂直面之间的距离。

5）车宽，指平行于汽车的纵向对称平面并分别抵靠车辆两侧固定凸出部位的两平面之间的距离（除去外后视镜、侧面标志灯、示廓灯、转向信号灯、挠性挡泥板、折叠式踏板、防滑链以及轮胎与地面接触部分的变形）。

6）车高，指在汽车无装载质量时，支承水平地面与最高凸出部位相抵靠的水平面之间的距离。

7）轴距，指汽车在直线行驶位置时，前后轴中心线的水平距离。

8）轮距，指在支承平面上，同轴左右车轮两轨迹中心间的距离（轴两端为双轮时，为左右两条双轨迹的中间的距离）。

9）前悬，指汽车在直线行驶位置时，汽车前端刚性固件的最前点到通过两前轮轴线的垂直面间的距离。

10）后悬，指汽车后端刚性固件的最后点到通过后轮轴线的垂直面间的距离。

车长、车宽、车高、轴距、轮距、前悬、后悬均为汽车的几何参数，也与汽车的通过性相关。

11）最小离地间隙，指满载时，汽车支承平面与最低刚性点之间的距离。

12）接近角，指汽车静载下，地平面与前车轮轮胎切平面之间的最大夹角。这样，在汽车前轴的前方，汽车的所有点都位于切平面之上，而且汽车上的所有刚性部件也都位于此切平面之上。

13）离去角，指汽车静载下，地平面与后车轮轮胎切平面之间的最大夹角。这样，在汽车最后轴的后方，汽车的所有点和刚性部件都位于此切平面之上。

14）纵向通过角，指汽车静载下，垂直于汽车中心平面，分别与前、后车轮轮胎相切、相交并与底盘刚性部件（除车轮）接触的两个平面形成的最小锐角。这一角度决定了汽车所能通过的最大坡度。

15）转弯半径，指转向盘转到极限位置时，外侧转向轮的中心平面在汽车支承面上的轨迹圆半径。

最小离地间隙、接近角、离去角、纵向通过角、转弯半径均与汽车的通过性相关。

16）最高车速，指汽车在平坦公路上行驶时所能达到的最高速度。

17）发动机有效转矩，指发动机通过飞轮对外输出的转矩。

18）发动机有效功率，指发动机通过飞轮对外输出的功率，等于发动机有效转矩与曲轴角速度的乘积。

19）升功率，指发动机每升排量所能发出的有效功率，是一个发动机强化指标。

20）比功率，指发动机最大功率与汽车总质量之比。一般而言，对于同类型的汽车，比功率越大，动力性越好。

最高车速、发动机有效转矩、发动机有效功率、升功率、比功率与汽车的动力性相关。

21）平均燃油消耗量，指汽车在公路上行驶时平均的燃油消耗量。

22）燃油消耗率，指发动机每发出 1kW 有效功率，在 1h 内所消耗的燃油质量（也称比油耗）。

平均燃油消耗量、燃油消耗率与汽车的燃油经济性相关。

第 2 章 二手车鉴定评估：洞若观火，明察秋毫

2.1.4 汽车制造工艺流程

从各种原材料开始，造出一辆由数万个零部件组成的质量可靠、性能优良的汽车，要经过很多道工序和工艺流程。一般而言，汽车的制造工艺流程包含冲压、焊装、涂装、总装等（图2-4）。

a）冲压　　　　　　　　　　　b）焊装

c）涂装　　　　　　　　　　　d）总装

图 2-4　汽车制造工艺流程示意

1. 冲压工艺

使板料经分离或成型而得到制件的加工方法称为冲压。

冲压是所有工序的第一步，每一个工件一般要经过几个工序来完成。只要将模具装到冲压机床上就可以冲压出各种不同的工件。模具的质量决定了工件的质量。一个工件大多是先经过冲压成型，再经冲孔、切边、翻边等工序，最后才形成所需要的形式。

冲压三要素：板材、模具、设备。

板材一般采用低碳钢，车身的骨架件和覆盖件多用钢板冲压而成。车身专用钢板具有拉延不易产生裂纹的特点。车身的不同部位会采用不同类型的钢板，在需要防止生锈的部位采用镀锌钢板，如翼子板等，在承受应力较大的部位采用高强度钢板，如散热器支承横梁等。轿车车身结构中常用钢板的厚度为0.6~3mm，大多数外板用材厚度为0.6~0.8mm，内板用材厚度为1.0~1.8mm，加强板用材厚度为2.0~3.0mm。

模具是生产各种工业产品的重要工业装备，它以特定的形状通过一定的方式使原材料成型。平均一个车型需要冲压模具2000套左右，其中大中型覆盖件模具300套。

2. 焊装工艺

冲压好的车身板件通过焊接、铆接等工艺结合在一起形成车身总成。其中，焊接工艺应用最广泛。

点焊适于焊接薄钢板，作业时，两个电极向两块钢板施加压力使之贴合，同时在贴合点通电加热融化钢板，从而使其牢固结合。激光焊接主要用于车身不等厚板的拼焊和车身焊接。

3. 涂装工艺

涂装指将油漆覆于车身组件表面，使之成为漆膜的工艺过程。漆膜是油漆经烘干后形成的固体膜面。

涂装工艺流程对于汽车有三个重要作用：防止金属件腐蚀、提高美观性、满足消费者的个性化需求。

涂装工艺的主要工序有涂装前预处理→底涂层（电泳层）施工→中涂层施工→色漆层施工→清漆层施工→烘干等。整个过程需要大量化学试剂处理和精细的工艺参数调控。

第 2 章　二手车鉴定评估：洞若观火，明察秋毫

4. 总装工艺

总装指将车身、发动机（或动力蓄电池组、驱动电机）、变速器、仪表板、车灯、车门等零部件装配成整车的过程。

一般的总装车间主要有四大模块，即前围装配模块、仪表板装配模块、车灯装配模块、底盘装配模块。所有模块和零部件装配完毕后，再经过车轮定位、灯光检测等检验、调试后，整车就可以驶离生产线、放行出厂了。

2.1.5　汽车文化常识及国外主流厂商特征

1. 行业名词概念

1）汽车的血统，指一款汽车是否出自相应汽车制造商的主流品牌和车系，这会影响它在二手车市场上的受认可度和价值。

2）汽车的发育，指汽车的开发、设计、配套、制造、装配工艺水平。如果汽车制造商在开发、设计、制造汽车产品的过程中，每一道工序和流程都精益求精、严控品质，其汽车产品的发育一定是良好的。相反，如果汽车制造商在开发、设计、制造汽车产品的过程中粗制滥造、敷衍了事，其汽车产品的发育一定是有缺陷的。汽车的发育水平决定了消费者购车后的使用状况，影响了汽车各项技术性能的发挥以及二手车的交易价格。

3）汽车的出生率，指年款相近、车系相近的在用车在当地市场的保有量和占有率。汽车的出生率决定了消费者购车后的使用便利性，以及在二手车市场的流通性。

4）汽车的生育期，指汽车制造商生产某款车的周期（从量产到停产）。汽车的生育期影响着它在二手车市场上的流通性和保值率。

2. 汽车发展的地域特征

1）汽车诞生于德国。1885 年，德国人卡尔·本茨设计制造了一辆三轮汽车（图 2-5），次年 1 月 29 日，德意志帝国专利局批准了卡尔·本茨为这辆

三轮汽车申请的专利,这一天随后被公认为汽车的诞生日。

2)汽车成长于法国。19世纪末,汽车还只是有钱人的玩具。当时,很多贵族和富豪聚集在法国,法国的汽车销量一度占据全球销量的一半以上,一些汽车赛事、组织也在法国生根发芽。

图2-5 卡尔·本茨设计制造的世界上第一辆汽车

3)汽车成熟于美国。20世纪初,美国的汽车产销量已经跃居世界第一位。福特汽车公司作为流水线式生产方式的创立者,将汽车的生产效率提升到前所未有的水平。目前,美国的千人汽车保有量仍然是全球最高的。

4)汽车创新于日本。20世纪70年代的两次石油危机,对世界汽车工业产生了深远影响。丰田等日本汽车生产企业积极应对挑战,创新求变,大力开发小排量、低能耗的经济型汽车,受到全世界消费者的广泛认可。

5)汽车希望于中国。由于起步晚,且长期受到技术封锁,我国的汽车工业发展曾严重滞后于欧、美、日等

第 2 章 二手车鉴定评估：洞若观火，明察秋毫

国家和地区。但经过改革开放后几十年的技术积累，通过充分发挥劳动力和市场优势，截至 2022 年，我国的汽车产销总量已经连续 14 年稳居全球第一位，新能源汽车产销量领先全球，近年来年均二手车交易量近 2000 万辆。

3. 国外主流汽车厂商特征

1）德国大众公司：目前全球产销量最大的汽车制造商，旗下有宾利、保时捷、布加迪、奥迪、大众、斯柯达、西雅特等品牌，大部分品牌和车型在我国都有销售。大众在我国与一汽集团、上汽集团、江淮汽车集团分别组建有"一汽 – 大众""上汽 – 大众""江淮 – 大众"三家合资企业，生产奥迪、大众、斯柯达、思皓、捷达等品牌车型，大部分车型保值率较高。

2）德国戴姆勒公司：目前全球最大的商用车制造商，旗下有梅赛德斯 – 奔驰等品牌。戴姆勒在我国与北汽集团、福汽集团等组建有"北京奔驰""福建奔驰"等合资企业，大部分车型保值率较高。

3）德国宝马公司：知名跨国汽车制造商，旗下有劳斯莱斯、宝马、MINI 等品牌。宝马在我国与华晨汽车集团组建有合资企业"华晨宝马"，大部分车型保值率较高。

4）美国通用汽车公司：知名跨国汽车制造商，旗下有凯迪拉克、别克、雪佛兰等品牌。通用在我国与上汽集团组建有合资企业"上汽通用"，多数车型保值率不及德国、日本品牌同类车型。

5）美国福特公司：知名跨国汽车制造商，旗下有林肯、福特、野马等品牌。福特在我国与长安汽车集团、江铃汽车公司分别组建有"长安福特""江铃福特"两家合资企业，多数车型保值率不及德国、日本品牌同类车型。

6）美国特斯拉公司：电动汽车、能源、太空科技制造商和应用商。特斯拉在我国的销售服务模式与传统汽车制造商不同，采用了线上 + 直营的模式，自建体验中心（多位于大型商圈和传统汽车销售商圈）负责销售（消费者可线

上下单、体验中心提车）和维修，钣喷业务通常委托给第三方，多数车型保值率较高。

7）日本丰田公司：目前全球盈利能力最强的汽车制造商，旗下有丰田、雷克萨斯等品牌。丰田在我国与一汽集团、广汽集团分别组建有"一汽丰田""广汽丰田"两家合资企业，多数车型保值率较高。

8）日本本田公司：日本国内排名前三的汽车制造商，旗下有本田、讴歌等品牌。本田在我国与广汽集团、东风汽车集团分别组建有"广汽本田""东风本田"两家合资企业，首开4S经销模式，多数车型保值率较高。

9）雷诺–日产联盟：由法国雷诺汽车公司与日本日产汽车公司联合组建，旗下有雷诺、日产、英菲尼迪等品牌。雷诺–日产在我国与东风汽车集团组建有"东风汽车（有限公司）""郑州日产"两家合资企业，雷诺品牌目前已经退出我国市场，日产品牌车型保值率一般。

10）Stellantis公司：由原标致雪铁龙公司与原菲亚特–克莱斯勒公司合并而成，旗下有雪铁龙、标致、DS、菲亚特、克莱斯勒等品牌。Stellantis在我国与东风汽车集团组建有合资企业"神龙汽车"（旗下有东风标致、东风雪铁龙品牌），多数车型保值率不及德国、日本品牌同类车型。

11）韩国现代起亚公司：韩国最大的汽车制造商，旗下有现代、起亚、捷尼赛思等品牌。现代起亚在我国与北汽集团、东风汽车集团分别组建有"北京现代""东风悦达起亚"两家合资企业，多数车型保值率不及德国、日本品牌同类车型。

第2章 二手车鉴定评估：洞若观火，明察秋毫

美国汽车经销商协会统计的汽车品牌

美国汽车经销商协会（NADA）是美国的一个行业组织，代表了近16500家新车和货车特许经销商。作为汽车零售行业的主要协会，NADA旨在监督影响经销商的联邦法律法规，并发布有关行业趋势的预测和报告，每季度发布一次《官方二手车指南》（OFFICIAL USED CAR GUIDE）。表2-1所示为NADA统计的部分汽车品牌。

表2-1 美国汽车经销商协会统计的部分汽车品牌

品牌		品牌		品牌	
英文	中文	英文	中文	英文	中文
Alfa Romeo	阿尔法·罗密欧	GMC	—	Maserati	玛莎拉蒂
Aston Martin	阿斯顿·马丁	Honda	本田	Maybach	迈巴赫
Audi	奥迪	Hummer	悍马	Mazda	马自达
Bentley	宾利	Hyundai	现代	Mclaren	迈凯伦
BMW	宝马	Infiniti	英菲尼迪	Mercedes-benz	梅赛德斯-奔驰
Buick	别克	Isuzu	五十铃	Mercury	水星
Cadillac	凯迪拉克	Jaguar	捷豹	MINI	—
Chevrolet	雪佛兰	Jeep	—	Mitsubishi	三菱
Chrysler	克莱斯勒	Karma	—	Nissan	日产
Dodge	道奇	Kia	起亚	Oldsmobile	奥兹莫比尔
Ferrari	法拉利	Lamborghini	兰博基尼	Panoz	—
FIAT	菲亚特	Land Rover	路虎	Plymouth	普利茅斯
Fisker	—	Lexus	雷克萨斯	Polestar	极星
Ford	福特	Lincoln	林肯	Pontiac	庞蒂亚克
Freightliner	—	Lotus	路特斯	Porsche	保时捷
Rivian	—	Scion	—	Tesla	特斯拉
Rolls-Royce	劳斯莱斯	Smart	—	Toyota	丰田
Saab	萨博	Subaru	斯巴鲁	Volkswagen	大众
Saturn	土星	Suzuki	铃木	Volvo	沃尔沃

2.1.6 汽车的基本类型及使用性质

1. 汽车的基本类型

GB/T 15089—2001《机动车辆和挂车分类》和公安部 GA 802—2022《道路交通管理 机动车类型》将机动车按照规格、结构、用途、使用性质等进行分类，公安交通管理部门按此分类对机动车进行注册、变更、转移、报废登记，以及审验等管理。二手车行业从业人员应能分清车辆类型，并根据法规、行业标准来判断车辆的使用性质，进而确定采购/鉴定评估车辆的现实价格，规避业务风险。

（1）按照规格分类

按规格，将机动车分为汽车、有轨电车、摩托车和挂车四类。

1）汽车，分为载客汽车、载货汽车、专项作业车。载客汽车分为大型、中型、小型和微型。载货汽车分为重型、中型、轻型、微型、三轮和低速。专项作业车指装置有专用设备或器具，在设计和制造上用于工程专项（包括卫生医疗）的汽车，例如汽车起重机、消防车、救护车等。

2）有轨电车，即由电机驱动、架线供电、有轨道承载的机动车，有轨电车的规格按载客汽车的相关规定确定。

3）摩托车，分为普通、轻便两种类型。

4）挂车，分为重型、中型、轻便、微型四种类型。

（2）按照结构分类

按结构，将机动车分为汽车、摩托车、全挂车、中置轴挂车、半挂车和轮式专用机械车六类。

1）汽车，分为载客汽车、载货汽车、专项作业车。载客汽车分为普通客车、双层客车、卧铺客车、铰接客车、轿车、面包车、旅居车、专用校车、专用客车、无轨电车和越野客车。载货汽车分为栏板货车、多用途货车、厢式货车、仓栅式货车、封闭式货车、罐式货车、平板货车、集装箱车、车辆运输车、特殊结构货车、自卸货车、专门用途货车、半挂牵引车和全挂牵引车。专项作业车分为非载货专项作业车、载货专项作业车。

2）摩托车，分为二轮摩托车、正三轮载客摩托车、正三轮载货摩托车和侧三轮摩托车。

3）全挂车，分为栏板全挂车、厢式全挂车、仓栅式全挂车、罐式全挂车、平板全挂车、集装箱全挂车、自卸全挂车和特殊用途全挂车。

4）中置轴挂车，分为中置轴旅居挂车、中置轴车辆运输车和中置轴普通挂车。

5）半挂车，分为栏板半挂车、厢式半挂车、仓栅式半挂车、罐式半挂车、平板半挂车、集装箱半挂车、自卸半挂车、低平板半挂车、车辆运输半挂车、特殊结构半挂车、旅居半挂车、专门用途半挂车和专项作业半挂车。

6）轮式专用机械车，分为轮式装载机械、轮式挖掘机械和轮式平地机械。

（3）按照用途分类

GB/T 15089—2001《机动车辆和挂车分类》将机动车和挂车分为M、N、G、O、L类。

1）M类车辆，即至少有4个车轮并且用于载客的机动车辆。分为包括驾驶人座位在内座位数不超过9个的M_1类载客车辆、包括驾驶人座位在内座位数超过9个且最大设计总质量≤5000kg的M_2类载客车辆（M_2类根据乘员数、乘员可否站立以及可否在通道自由走动又分为A级、B级、Ⅰ级、Ⅱ级、Ⅲ级）和包括驾驶人座位在内座位数超过9个且最大设计总质量＞5000kg的M_3类载客车辆（M_3类根据乘员数、乘员可否站立以及可否在通道自由走动又分为A级、B级、Ⅰ级、Ⅱ级、Ⅲ级）。

2）N类车辆，即至少有4个车轮并且用于载货的机动车辆。分为最大设计总质量不超过 3500kg 的 N_1 类载货车辆、最大设计总质量 >3500kg 但 ≤12000kg 的 N_2 类载货车辆、最大设计总质量 >12000kg 的 N_3 类载货车辆。

3）G 类车辆，可概括为越野车，包括在 M 类、N 类之中（如 N_1 类越野车可表示为 N_1G）。

4）O 类车辆，即挂车（包括半挂车），按最大设计总质量分为 O_1、O_2、O_3、O_4 类。

5）L 类车辆，即两轮或三轮机动车，分为 L_1、L_2、L_3、L_4、L_5 类。

实战链接

国内常用轿车分级标准

国内常用轿车分级标准，参考汽车产业发达国家以轴距、发动机排量、总长和整备质量为分级参数，见表 2-2。

表 2-2　国内常用轿车分级标准

级别	微型 A00	小型 A0	紧凑型 A	中型 B	中大型 C	大型 D
排量 /L	<1.0	1.0～1.3	1.3～1.6	1.6～2.0	2.0～2.5	2.5～3.0
总长 /m	3.3～3.7	3.7～4.0	4.0～4.2	4.2～4.45	4.45～4.8	4.8～5.2
轴距 /m	2.0～2.2	2.2～2.3	2.3～2.45	2.45～2.6	2.6～2.8	2.8～3.0
整备质量 /kg	<680	680～800	800～970	970～1150	1150～1380	1380～1620

2. 汽车的使用性质

按公安部 GA 802—2022《道路交通管理 机动车类型》规定，机动车分为营运机动车、非营运机动车和运送学生机动车（指用于有组织地接送 3 周岁以上学龄前幼儿或义务教育阶段学生上下学的 7 座及 7 座以上的载客汽车，即校车）三类。

第 2 章　二手车鉴定评估：洞若观火，明察秋毫

1）营运机动车，分为公路客运车、公交客运车、出租客运车、旅游客运车、租赁车、教练车、货运车、危化品运输车。

2）非营运机动车，分为警用、消防、救护、工程救险、营转非（出租客运汽车除外的营运机动车改为非营运机动车）、出租转非（原为出租客运汽车，改为非营运汽车，不再用作出租客运汽车）。

3）运送学生机动车，分为运送幼儿（幼儿校车）、运送小学生（小学生校车）、运送中小学生（中小学生校车）、运送初中生（初中生校车）。

4）预约出租客运汽车，指经出租汽车行政主管部门审核确认、用于网约车经营服务的 7 座及 7 座以下乘用车。

需要注意的是，预约出租客运汽车退出网约车经营服务，转为非营运汽车的，为预约出租转非汽车；非营运机动车没有对应细类的，使用性质确定为"非营运"（如家庭用车）；使用性质不属于"非营运""营转非""出租转非""预约出租转非"范畴的机动车，确定为生产经营性车辆。

现行机动车检验制度

机动车使用性质不同，所关联的检验周期不同，二手交易/成交价格也存在差异。二手车企业及二手车鉴定评估/采购人员，必须清楚被评估或拟采购车辆的不同使用性质及其对应的检验周期。超过检验周期的车辆是不能买卖或上市交易的，除非补充检验合格。

如果被评估或拟采购车辆已达检验时间节点甚至逾期，则必须考虑实施或补充检验可能对车辆现实价值的影响，以及所要产生的费用等交易成本。同时，依据《中华人民共和国道路交通安全法》及其实施条例，逾期未检验的车辆违法上路行驶，公安交管部门将依法处理处罚，这会给成交车辆的异地迁移带来很大的法律和业务风险。

2022年9月9日，公安部、市场监管总局、生态环境部、交通运输部联合发布《关于深化机动车检验制度改革优化车检服务工作的意见》，实施车检改革新措施，推出了优化私家车检验周期、推进网上预约检验等一系列便民利民措施。

为积极适应汽车产业发展、交通安全和大气污染防控形势，上述措施优化调整了非营运小微型载客汽车（≤9座，不含面包车）、摩托车的检验周期。

对非营运小微型载客汽车，将原10年内上线检验3次（第6年、第8年、第10年），调整为检验2次（第6年、第10年），并将原15年以后每半年检验1次调整为每年检验1次；

对摩托车，将原10年内上线检验5次（第6年至第10年每年检验1次），调整为10年内检验2次（第6年、第10年），10年以后每年检验1次。

新措施自2022年10月1日起正式实施，非营运小微型载客汽车、摩托车自注册登记之日起第6年、第10年进行安全技术检验，在10年内每两年向公安交管部门申领检验标志；超过10年的，每年检验1次，并向公安交管部门申领检验标志。

为方便群众网上办理业务，公安部已在全国推广应用电子检验标志，广大车主可以登录"交管12123"手机App申领电子检验标志，不需要再申领、粘贴纸质检验标志。

需要注意的是，有两种情形不适用这一新措施：一是面包车实际使用中非法改装、客货混装等问题较多，由此引发的群死群伤事故时有发生，仍须按原规定周期检验；二是免检车辆如果发生造成人员伤亡的交通事故或非法改装被依法

第2章 二手车鉴定评估：洞若观火，明察秋毫

处罚的，对车辆安全性能影响较大，仍须按原规定周期检验。

车辆涉及擅自改装，会影响道路交通安全，属于违法行为，是不能买卖和上市交易的。

2.1.7 汽车的车身色

1. 概述

汽车车身的涂装通常由底漆、中漆、面漆和清漆组成。其中，底漆和中漆的主要作用是防止车身金属覆盖件锈蚀，并弥补微观的不平整瑕疵，面漆决定了出厂颜色，清漆无色透明，作用是保护面漆。

汽车制造商为达到营销目的，通常会为车身色起一些极具辨识度的名称，例如珠光白、魔力黑、火山灰、宝石蓝、波尔多红等，有时甚至会让普通汽车消费者不知所云。其实，我国相关标准定义的民用车车身色仅有黑色、白色、灰色、黄色、红色、粉色、紫色、绿色、蓝色、棕色10种，见图2-6。公安交管等部门仅就这10种车身色对车辆实施注册、变更、转让、抵押、质押、注销等登记或备案，以及各种查验，保险公司也仅就这10种车身色与车主签订保险合同。

1）红色：波长最长且偏转角最小，具有较强的警示效果，属于安全色。

2）黄色：波长次于红色，具有一定的警示效果，属于安全色。

3）绿色：波长次于黄色，属于安全色。

4）蓝色：波长次于绿色，属于安全色。

5）黑色：具有视觉收缩效果，在道路上行驶的黑色车辆难以与周边环境（包括道路）明显区分，因此安全性不及红色、黄色、绿色、蓝色和白色。

6）白色：具有视觉放大效果，在道路上行驶的白色车辆与周边环境（包括道路）能明显区分，安全性与红色、黄色、绿色、蓝色相当。白色车漆有一个显著的缺点，就是较难做成"金属漆"，漆膜表面硬度不高，稍有摩擦或外力作用就容易掉漆、起纹、变形，部分修补后也很难与原漆部分融合，色差明显。

需要注意的是，车主可以对车身色进行个性化更改（但不能使用消防车的专用红色和工程救险车的专用黄色），更改后必须及时到公安交管部门备案并办理变更登记。尽量避免选择花哨、刺眼的内饰颜色，否则既影响乘坐舒适性，又影响保值率。

图 2-6　车身色标准样卡示意

2. 车身色与二手车交易价格的关系

汽车的车身色与二手车交易价格有很大关系。

黑色：局部修补后容易与原车漆融合，很难鉴别；车辆外形尺寸越小，越不宜选用黑色，否则会影响保值率。

白色：高端车型尽量避免选择或改装白色，否则会影响保值率。

灰色：保值率相对较高。

黄色：保值率不及黑色、白色和灰色。

红色：保值率一般。

粉色、紫色、绿色：保值率较低。

蓝色：保值率接近绿色。

棕色：保值率高于蓝色。

第 2 章　二手车鉴定评估：洞若观火，明察秋毫

汽车油漆及其鉴别

汽车车身用漆主要由树脂、颜料、助剂、填料、固化剂、溶剂等组成。常见车漆有普通漆、金属漆和珠光漆三种，三者的生产工艺和材料都有一定区别，具有不同的显示效果和保护性能。

1）普通漆：主要由树脂、颜料和添加剂组成，工艺简单，成本较低，便于修补。缺点是视觉效果一般，漆面硬度较低，外力作用下易受损。

2）金属漆：是在普通漆基中添加铝粉或铜粉等金属粉末后制成的，视觉效果和漆面硬度均优于普通漆。缺点是成本较高，白色金属漆修补后易出现色差。需要注意的是，进行二手车鉴定评估时要格外注意色差，存在色差表明车辆有钣金作业史，要探究为何进行钣金作业，以及是否有车身结构件的重大损伤。

3）珠光漆：又称云母漆，是在普通漆基中添加云母粒后制成的，视觉效果和漆面硬度均优于普通漆，抗氧化能力强。由于云母粒在喷涂过程中是有序排列的，后期修补很难保证新云母粒与原云母粒排序一致，易出现明显色差和修补痕迹。

4）车漆对二手车价值的影响：主要体现在油漆种类和是否有修补涂装史两方面。在鉴定评估/采购二手车时，要注意识别油漆种类，一般而言，普通漆车辆的市场价值低于金属漆和珠光漆车辆。

原厂涂装作业通常采用静电流水方式，作业时仅有车身本体，未安装附件，可以在130～180℃条件下交联硬化施工，而修补涂装作业通常采用气动喷涂方式，只能在50～70℃条件下交联施工，因此，修补涂装的质量必然没有原厂涂装好，而且只要有修补涂装史，车辆的市场价值就会降低。

5）原厂漆的特点：原厂漆喷涂均匀、表面呈镜面效果、边缘折角处光滑平顺。QC/T 484—1999《汽车油漆涂层》规定：轿车车身漆膜外观应光滑平整、无颗粒，光亮如镜，光泽度不低于90；底漆层厚度不低于20μm，中涂层厚度

应在40～50μm之间（不包括腻子层），面漆层厚度应在60～80μm之间；总厚度应在120～150μm之间。

6）车身表面漆层缺陷：车身表面漆层缺陷是判断车辆是否有碰撞事故史的第一要素，掌握原厂漆的特点后，就很容易识别修补喷涂造成的缺陷。

修补喷涂的主要缺陷如下。

①遮蔽痕迹，局部喷漆后留下一些未遮蔽住的喷漆痕迹，多是分界线处遮蔽不当、喷漆作业后处理不当所致。各结合缝处、油箱盖/门锁孔/门把手周边、各种螺栓头/螺母处、密封条和车身交界处容易出现遮蔽痕迹。

②残留表面，漆面呈非镜面效果，多是喷漆设备缺陷、作业工艺不规范所致。

③喷漆色差，多是修补喷涂工艺与原厂喷涂工艺差别较大、油漆配色不精确所致，浅色漆更易出现。

④表面或折角处粗糙、不平、过渡不自然，触摸折角处有粗糙感、凹凸感，多是修补喷涂工艺或设备与原厂喷涂工艺或设备差别较大所致。

⑤原子灰起皱痕迹，漆面出现局部起皱，多是原子灰刮涂过厚、干燥不充分、底漆漆面过厚侵蚀原子灰与旧涂膜、稀释剂含过量缓干剂或稀释过度所致。

⑥喷漆表面脱落，漆面出现裂纹、脱落，多是油漆质量差、再喷涂时有工艺缺陷、外力作用所致。

⑦橘子皮，漆膜有斑点、不平滑，有橘子皮一般的皱纹，多是施工气压过低、油漆过浓所致。

⑧垂流，有部分漆面呈向下滴流的状态，多是喷涂不均匀、施工温度过低、油漆过稀所致。

⑨收缩起皱，旧漆膜或修补的漆膜产生的收缩、起皱、皲裂现象，多是漆面被底层漆的溶剂侵蚀软化所致。

⑩针孔或砂眼，涂膜上出现孔穴，多是干燥不彻底便加热漆面，使溶剂蒸发、突破漆膜所致。

⑪砂纸伤痕，有清晰且不规则的表面划痕，多是研磨原子灰时砂纸的磨痕过深所致，留在磨痕中的溶剂会使底漆膨胀，进而使磨痕出现在上层漆膜表面。

⑫变色、褪色，多是油漆品质不佳所致，白色、灰色、蓝色漆多发此现象。

7）漆面鉴别"二·三·四"法则如下。

①两个注意：注意原厂漆面的特点和修补喷涂的缺陷。

②三个方法：眼看→手摸→仪器测（漆膜厚度仪）。

③四个关键：边－角－线－面，注意零部件的边沿处有无滴漏和修补喷漆的痕迹；注意零部件拐角处有无滴漏和修补喷漆的痕迹；对比接缝线处相邻的不同外板有无色差，注意腰线、特征线是否平直、过渡自然；注意覆盖件的表面是否平整、有无凹陷、色差。

2.1.8 车辆识别代号

1. 概述

车辆识别代号（Vehicle Identification Number，VIN）是由汽车制造厂为一辆汽车指定的一组由 17 位数字或字母组成的字码。VIN 能保证 30 年内在全球范围对每一辆正式量产汽车的准确识别。

我国汽车行业从 1997 年开始在机动车上标记 VIN，GB 16735—2019《道路车辆 车辆识别代号（VIN）》对 VIN 的使用进行了规范，并将对 VIN 的检验工作纳入车辆强制性标准检验体系中。

VIN 就是汽车的身份证号，包含了汽车制造厂、年份、车型、车身型式、发动机及组装地点等信息。正确解读 VIN，对于正确识别车型，进而判断车辆状况和价值是十分重要的。

2. 相关术语

1）车辆制造厂，指颁发机动车出厂合格证或产品一致性证明并承担车辆产品责任和 VIN 的唯一性责任、且与装配厂所在位置无关的厂商或公司。

2）装配厂，指车辆制造厂标示 VIN 的生产厂或生产线。

3）车身型式，指车辆的一般结构或外形特点，如车门和车窗数量、运载货物的特征以及车顶形式（如厢式车身、溜背式车身、舱背式车身）。

4）发动机型式，指动力装置的特征，如所用燃料、气缸数量、排量等。装在轿车或多用途载客车或货车上的发动机，应标明专业制造厂及型号。

5）种类，是制造厂给予同一型号的，在车身、底盘或驾驶舱等结构上有一定共同点的车辆的命名。

6）品牌，是制造厂给予一类车辆或发动机的名称。

7）型号，是制造厂给予具有同类型、品牌、种类、系列及车身型式的车辆的名称。

8）车型年份，是制造车辆的历法年份或车辆制造厂决定的年份（表 2-3）。只要实际生产周期不超过两个历法年份，就可以不考虑车辆的实际生产年份。

表 2-3 车型年份代码

年份	代码	年份	代码	年份	代码	年份	代码
1991	M	1996	T	2001	1	2006	6
1992	N	1997	V	2002	2	2007	7
1993	P	1998	W	2003	3	2008	8
1994	R	1999	X	2004	4	2009	9
1995	S	2000	Y	2005	5	2010	A

第2章 二手车鉴定评估：洞若观火，明察秋毫

（续）

年份	代码	年份	代码	年份	代码	年份	代码
2011	B	2016	G	2021	M	2026	T
2012	C	2017	H	2022	N	2027	V
2013	D	2018	J	2023	P	2028	W
2014	E	2019	K	2024	R	2029	X
2015	F	2020	L	2025	S	2030	Y

9）系列，指制造厂用于表示标价、尺寸或质量标志等小分类的名称，主要用于商业目的。

10）类型，指通过普通特征（包括设计与使用目的）来区别车辆的分类。轿车、多用途载客汽车、载货汽车、客车、挂车、非完整车辆和摩托车是独立的类型。

3. 车辆识别代号的组成

17位字码的VIN可以根据所代表的信息划分成三部分，即世界制造厂识别代号部分（World Manufacturer Identifier，WMI）、车辆说明部分（Vehicle Descriptor Section，VDS）和车辆指示部分（Vehicle Indicator Section，VIS）。

WMI，占VIN的第1~3位，用于识别世界车辆制造厂的唯一性。

第一位字符：地理区域代码，表示某一特定地理区域，例如欧洲、亚洲（表2-4）。

表2-4 VIN中的地理区域代码

第1位字符	地理区域	第1位字符	地理区域	第1位字符	地理区域
1~5	北美洲	6、7	大洋洲	8、9、0	南美洲
A~G	非洲	H~R	亚洲	S~Z	欧洲

第二位字符：国家/地区代码，表示特定地区内的某一国家或地区。

WMI应通过第一位和第二位字符的组合保证国家/地区识别标志的唯一性，例如中国、美国（表2-5）。

表 2-5　VIN 中的国家／地区代码

字符组合	国家／地区	字符组合	国家／地区	字符组合	国家／地区
10~19	美国	1A~1Z	美国	2A~2W	加拿大
3A~3W	墨西哥	4	美国	5	美国
6	澳大利亚	9	巴西	J0~J9	日本
JA~JZ	日本	K	韩国	L0~L9	中国
LA~LZ	中国	M	泰国	R	中国台湾
S	英国	T	瑞士	V	法国
W0~W9	德国	WA~WZ	德国	Y	瑞典
Z	意大利	H0~H9	中国	HA~HZ	中国

第三位字符：某一制造厂（商）代码。

VDS，占 VIN 的第 4~9 位，用于识别车辆的一般特征，字符顺序由厂家决定。

VIS，占 VIN 的第 10~17 位，用于区别不同的车辆，最后四位必须是数字。

需要说明的是，在 VIN 中仅能采用下列阿拉伯数字和大写英文字母：1、2、3、4、5、6、7、8、9、0；A、B、C、D、E、F、G、H、J、K、L、M、N、P、R、S、T、U、V、W、X、Y、Z。

4. 车辆识别代号的应用

在车身规定的部位打刻 VIN 后，VIN 将伴随车辆的登记、变更、审验、保险、维修、交易直至报废回收。VIN 主要应用于以下领域。

车辆管理：包括注册、转移登记，作为信息化管理的关键字符。

车辆检测：作为审验和排放检测时唯一性确认的信息。

车辆防盗：用于识别车辆和零部件，以及被盗抢骗数据库建立和使用。

车辆维修：用于诊断、车载电脑匹配、配件订购、客户关系管理。

车辆交易：用于查询车辆历史信息。

车辆召回：用于车辆年代、车型、批次和数量的识别。

车辆保险：用于保险登记、理赔、浮动费率的信息查询。

5. 车辆识别代号的标示

一般情况下，不对已标示的 VIN 进行变更。至少有一个 VIN 直接打刻在车架（无车架的车辆为车身主要承载且不能拆卸的部件）能防止锈蚀、磨损的部位上。

乘用车的 VIN 打刻在发动机舱内能防止替换的结构件上，或打刻在车门立柱上。如果受结构限制没有打刻空间，也可打刻在右侧除行李舱外的其他结构件上。

国家规定，打刻 VIN 的部件不应采用打磨、挖补、垫片、凿改、重新涂装等方式处理。

掌握 VIN 的标示或打刻位置，便于在鉴定评估作业时快速准确地查验车辆有关信息。

2.1.9 机动车报废回收制度

报废机动车（含汽车）指使用达到一定年限，或行驶达到一定累计里程数，或其他原因造成车辆严重损坏或技术状况低劣、且无法修复，根据《中华人民共和国道路交通安全法》《报废机动车回收管理办法》《报废机动车回收管理办法实施细则》等法规的规定，需要/应当报废的机动车。

2019 年 5 月以前，我国禁止"五大总成"（发动机、方向机、变速器、前后桥、车架）再利用，限制了报废机动车回收利用水平的提升，而《报废机动车回收管理办法》的出台，明确允许开展"五大总成"再制造，对报废机动车回收行业而言，无疑是"久旱逢甘霖"。大量高附加值汽车零部件将有机会走向"新岗位"，"汽车废，零件废"将变为"汽车废，零件用"，为汽车行业绿色发展开创了新模式。

允许"五大总成"再制造，有效促进了机动车回收利用行业上下游的有序连接，不仅可以推动机动车零部件再制造行业的规模化发展，还将提高机动车的回收利用率，改善回收拆解企业经营状况，提升报废机动车回收残值和消费者的交车积极性，实现消费者、拆解企业、再制造企业、二手车经营企业四方共赢。

允许"五大总成"再制造，为二手车行业涉及的维修、整备业务提供了更多的、合法的替换零部件，降低了经营成本。

> **实战点睛**
>
> ### 事故车业务尝试
>
> 经营二手车业务，有很多机会接触事故车，且大多数事故车没有达到报废标准。二手车经销企业可以尝试通过合法方式收购和销售事故车。由于事故二手车的销售价格通常比正常二手车低很多，无论批发还是零售，都应在销售合同里注明所售车辆为"事故车"及损伤详情，并清晰约定售后质保等条款，切实避免纠纷和法律风险。

2.2 鉴定评估关键绩效指标设置

2.2.1 鉴定评估关键绩效指标

鉴定评估关键绩效指标同"1.3.3 采购业务管理指标"。

2.2.2 鉴定评估关键绩效指标监管

二手车经销企业或品牌汽车经销商二手车部门的月度评估量、采购量、置换率等绩效指标设定后,时间上必须分解到每周,责任人应落实到具体的新车销售顾问、服务顾问、二手车鉴定评估人员或采购人员,以及相应的上级领导,并监督执行和考核。

对于没能在规定时间内完成目标任务的人员,应进行有针对性的辅导,辅助其分析未完成任务的原因,给予必要的帮助和支持。

对于连续多个周期都不能完成的指标,管理者要分析指标的合理性和可执行性,并进行必要调整;对于连续多个周期都不能完成任务的员工,管理者要评估其工作状态、业务意识、业务能力,并组织有针对性的辅导和培训,对于经辅导和培训后仍不能完成任务的员工,应给予合理的负激励,甚至调岗或辞退。

对于销售或服务顾问的业务开口率指标(建议设定为≥95%),应由客服人员在做展厅到店客户回访或维修客户修后关怀时,利用"当您进店购车或维修车辆时,销售或服务顾问是否第一时间询问您是否有二手车需要评估或处置?""当您有二手车评估或有二手车置换需求时,销售或服务顾问是否第一时间引荐二手车鉴定评估人员?"等问题,来进行闭环管控。对于业务开口率＜95%的员工,应进行教育和辅导,此后仍不达标的,应给予合理的负激励,甚至调岗或辞退。

需要说明的是，对于品牌汽车经销商，因为新车销售顾问和服务顾问有机会第一时间掌握客户是否有评估、置换，甚至单一售卖车辆的意愿和需求，所以要着重监管他们的业务开口率、评估量等关键业务数据。

表 2-6 所示为销售顾问车辆评估等数据的月度统计分析示例。

表 2-6　销售顾问车辆评估等数据的月度统计分析示例

销售顾问	A	B	C	D	E	F	G	H	…	合计
开口率										（平均值）
评估量（a）										
二手车成交量（b）										
评估成交率（$=b/a$）										（平均值）
新车交车量（c）										
置换率（$=b/c$）										（平均值）
成交量排名										—

表 2-7 所示为服务顾问在用车开发数据的月度统计分析示例。

表 2-7　服务顾问在用车开发数据的月度统计分析示例

服务顾问	A	B	C	D	E	F	G	H	…	合计
开口率										（平均值）
评估量（a）										
成交量（b）										
评估成交率（$=b/a$）										（平均值）
3年以上维修车辆接待量（c）										
开发效率（$=b/c$）										（平均值）
成交量排名										—

第 2 章　二手车鉴定评估：洞若观火，明察秋毫

2.3 鉴定评估业务流程

2.3.1 整体流程

二手车鉴定评估业务的整体流程按业务的逻辑关系和时空顺序排序：客户接待→凭证审核→静态鉴定→信息查询→动态鉴定→评定估算→报告说明→跟踪回访。

1. 客户接待

不论客户主动咨询的车辆评估业务，还是企业／员工主动开发的车辆评估业务，抑或销售／服务部门推荐的在用车辆评估业务，都涉及客户接待工作，必须按标准商务接待礼仪和品牌制造商业务要求，热情邀请客户在业务洽谈区就坐，奉上茶饮，主、客分坐在呈"L"形布置的洽谈空间里（注意：尽量不要"对坐"，否则可能使客户产生紧张感和抵触情绪）。

接待过程中，鉴定评估或接待人员要主动询问客户需求，给客户做简单的需求分析，并询问客户是否携带身份证、车辆登记证书（如果客户携带了车辆登记证书，则表明其处置车辆的意愿很强）、行驶证等证明／凭证，来店前是否做过评估、获得的评估报价，以掌握报价的主动权。

需要注意的是，鉴定评估人员不要主动询问客户的心理预期价格，因为大多数客户咨询的主要目的，就是想从鉴定评估人员处了解车辆的市场价格。新车销售顾问、服务顾问或其他非鉴定评估人员，可以尝试主动打探客户的心理预期价格。

2. 凭证审核

凭证审核主要审验车辆所有人或其代理人的身份证件信息及其真伪、有效期；审验机动车登记证书的真伪、车辆使用性质、注册登记时间，以及与机动车行驶证记载信息的一致性；审验车辆强制保险、商业保险的险种明细及其期限等。

3. 静态鉴定

静态鉴定指使用相应工具，对处于静止状态的车辆（燃油汽车的发动机可怠速运转，电动汽车可处于通电状态）的车身前后、上下、左右，以及内饰共 7 个方位进行全面、科学、专业的技术鉴定，为后期的报价商谈打下坚实基础。

4. 信息查询

信息查询的目的是避免采购到被盗抢骗车辆、翻新后的事故 / 泡水 / 火烧车辆等。

信息查询的内容包括但不限于：道路交通违法记录、被盗抢骗车辆相关治安信息、车辆维修历史信息、车辆出险及保险理赔信息、历史交易信息（频繁、多次交易的车辆，报价应保守）、评估软件 / 线上平台的报价信息等。

> **实战点睛**
>
> **二手车业务信息查询工具**
>
> 1）**查博士**，专注二手车行业服务，拥有历史车况查询、车辆检测、二手车估价、车辆保修四大功能，帮助二手车经销企业或消费者在二手车交易中对车辆状况、车辆价值做出判断。
>
> 2）**车 300**，专业版为大型二手车经销企业提供维修保养历史记录、碰撞历史记录、VIN 识别、交通违法查询、限制迁移查询等数据查询服务；大众版为小车商、二手车消费者提供二手车的快速估价服务。
>
> 3）**柠檬查**，中国汽车流通协会主导建设的二手车信息服务平台，为二手车经销企业和二手车消费者提供所关注的二

手车在保险期间是否出险、出险状况及维修情况。

4）**检车家**，提供二手车检测、陪买、选车等服务，可查询车辆是否有事故、泡水、火烧历史，以及调低累计行驶里程等情况。

5）**金鱼塘**，从找车开始，提供记录查询、检测、物流、金融、转移登记、交易保障等配套服务，为交易双方提供车况检测、自行生成检测报告服务，用于同步抖音/快手直播间和展厅车辆车况展示等增值服务。

6）**汽修宝**，通过VIN查询车况、配置详情、维修记录、出险记录等。

7）**精真估**，为二手车从业人员、二手车消费者提供车价评估报告、车价查询、保值率分析、二手车三年使用成本分析及公开发布等第三方数据服务。

5. 动态鉴定

动态鉴定的主要目的是发现静态鉴定没有发现的问题，检查车辆在运动状态的状况，完善鉴定作业的内容，规避业务风险。

6. 评定估算

评定估算是综合凭证审验、车辆静态/动态鉴定后获得的注册登记时间、累计行驶里程、车辆安全技术状况等信息，再参考历史成交信息和其他渠道报价信息，对所鉴定车辆的现实市场价格做出判断的过程和作业。

7. 报告说明

鉴定评估或采购人员经内部确认，初步得出鉴定评估车辆的价格后，需要及时向客户报价并说明报价的合理性，降低客户的价格预期，避免客户产生抵触情绪，争取达成交易。

8. 跟踪回访

不是每一位客户在初次到店鉴定评估后都能达成交易。考虑到二手车的成交周期比新车短，对于没能当场成交的客户，要在鉴定评估后的当日、次日、第三日、第五日及时回访（短信、微信、电话、登门拜访等），若确属报价过低导致成交困难，可适当修正报价，争取达成交易。

2.3.2　静态鉴定流程

二手车静态鉴定按空间顺序分七个作业步骤：驾驶舱→车身前部→发动机舱→车身右侧→车身后部→车身左侧→车身底部。

需要注意的是，鉴定评估过程中，如果发现客户意向不明确或交易意愿不强，则只做到第六步即可（不做车身底部鉴定），这样能为再次鉴定估价留下商谈空间。在双方意向和意愿都非常明确时，再进行完整的七步鉴定评估，并辅以动态鉴定和仪器设备鉴定，以得出准确、真诚的报价。

2.3.3　动态鉴定流程与作业要点

1. 概述

动态鉴定是静态鉴定的必要补充，能发现静态下无法发现的车辆问题，包括乘坐舒适性、方向稳定性、加速性、制动性等方面。

2. 动态鉴定注意事项

动态鉴定注意事项包括：遵守交通法规，注意驾乘安全；邀请并感谢客户参与（客户参与便于就发现的车辆问题及时与客户沟通，为商谈价格打好基础）；如果静态鉴定时没有做第七步车身底部鉴定，则动态鉴定后必须做，要使用举升机或作业地沟全面查验车身底部状况。

3. 动态鉴定流程

动态鉴定流程分为准备→怠速→起步→加速→（滑行）→匀速→急转弯→减速→制动→收尾事项等环节。

4. 动态鉴定作业要点

（1）准备

检查各功能操作件的状况、机油/转向助力油/制动液/冷却液的油位/液位和质量、轮胎压力和磨损状况、全车灯光状况；电动汽车要检查剩余电量。

注意事项：邀请客户一道进行动态鉴定，便于沟通车况；全程、全员正确佩戴安全带，确保安全。

（2）怠速

检查发动机起动是否顺利，怠速是否有抖动、异响等情况。针对手动变速器车型，踩下离合器踏板，检查挂档是否平顺，变速杆入位是否轻松、准确、稳定；针对自动变速器车型，踩住制动踏板，检查挂档是否平顺，变速杆入位是否轻松、准确、稳定。

注意事项：观察仪表显示的各项参数是否在正常范围内。

（3）起步

检查起步是否平稳，并进一步检查离合器、变速器的工作状况。

注意事项：先邀请客户驾驶一段路程，观察其驾驶习惯，判断其日常驾驶可能对车辆造成的损害。

（4）加速

检查加速响应性、持续加速能力、加速稳定性。针对手动档车型，检查换档是否顺畅。

注意事项：找一段平直、路况良好、其他道路交通参与者和车辆较少的道路，分别检查低、中、高速下的再加速性能；注意听加速过程中有无异响（需要开启车窗），若有则改变车速再听，自己无法判断原因时，请维修技师等更专业的人员协助检查。

（5）滑行（适用于手动档车型）

检查动力传动系统的匹配和工作状况，检查行驶系统（悬架和车轮等）的匹配和工作状况。

注意事项：找一段平直、路况良好、其他道路交通参与者和车辆较少的道路，加速到适当的车速后，将变速器置于空档让车辆滑行，滑行距离越远，性能越好。

（6）匀速

检查噪声控制水平，检查行驶平顺性和稳定性，检查乘坐舒适性。

注意事项：控制好加速踏板，分别检查高速匀速、中速匀速、低速匀速状态下的车况；在确保安全的条件下，放开转向盘，检查匀速时（保持加速踏板开度）车辆是否能维持直线行驶。

（7）急转弯

检查转向机构和传动机构的匹配和工作状况。

注意事项：在确保安全的情况下，控制车速，操纵车辆做"∞"形绕圈运动，以不同转弯半径多次检查；最好在封闭环境下进行，避免出现安全意外。

（8）减速

检查动力传动系统的匹配和工作状况，检查行驶系统（悬架和车轮等）的匹配和工作状况。

注意事项：找一段平直、路况良好、其他道路交通参与者和车辆较少的道路，针对手动档车型，每一档都要检查；在确保安全的条件下，放开转向盘，检查减速后（放松加速踏板）车辆是否能维持直线行驶。当然，同样需要注意行车安全。

（9）制动

检查常规和紧急制动性能，检查制动时的方向稳定性，注意制动时有无跑偏、侧滑、甩尾等现象。

注意事项：制动距离可参考、比对制造商公布的官方数据或汽车类门户网站公布的实测数据。

（10）收尾事项

完成动态鉴定后，再次检查"准备"阶段的项目。必要时举升或上地沟，检查行驶系统、制动系统是否有泄漏、断裂、凹陷、锈蚀等情况。

注意事项：不放过任何一处缺陷、损伤和再修复痕迹，为议价创造空间和条件。

2.4 静态鉴定工具与方法

2.4.1 静态鉴定的目的

1. 树立良好形象

开展专业、规范、全面的静态鉴定，有助于树立良好的企业/服务形象，进而提升客户体验感，赢得客户信任。即使首次鉴定评估没能成交，客户再去其他地方做鉴定评估，也有可能因为你的服务更专业、更标准而返回。

2. 提供报价依据

开展专业、规范、全面的静态鉴定，能全面掌握车辆的机电、钣喷和内饰状况，为报价找准依据，避免报价风险。一切以置换、采购为目的的二手车鉴定评估活动，都是为价格商谈找依据、为讨价还价找理由。

3. 统一沟通语言

对于车辆的问题和瑕疵，以及安全技术状况和鉴定结果，描述得越规范、专业，越有利于不同平台、不同品牌、不同经销商、不同二手车鉴定评估人员和销售人员之间就车辆状况统一沟通语言，扫除沟通障碍，避免传递错误信息，实现"同频"目标。

2.4.2 静态鉴定注意事项

1. 拆解征求同意

鉴定评估人员或采购人员仅通过外观检查，没有把握判断客户车辆是否有损伤，或是否为事故车、火烧车、泡水车、拼装车、非法改装车、被盗抢骗车时，要在征得客户同意后，对车辆进行更深入的简单拆解检查。

2. 客户核实记录

鉴定评估人员或采购人员将鉴定结论和意见写到业务表单上后，要请客户核实并签字确认，作为后期商谈价格的筹码。

3. 提醒贵重财物

如果客户不参与鉴定过程，则必须提醒其取走车上的贵重物品，避免引起纠纷。

4. 委婉说明缺陷

对于鉴定中发现的车辆问题，要委婉、耐心地向客户解释说明，降低客户的心理预期价格，不要简单、直接地表达，以免引起客户的反感和抗拒。

5. 适当赞美客户

如果客户车辆是刚注册登记不久的"准新车""次新车"，或车辆状况维护得很好，可以适当夸赞车辆状况或称赞客户懂车爱车，拉近与客户的距离，但同时必须说明，汽车市场的整体行情、相应品牌/车型的行情，都会影响二手车价格，即使是"准新车"或车辆状况较好也不能"漫天要价""坐地起价"。

第2章 二手车鉴定评估：洞若观火，明察秋毫

6. 谨慎使用工具

使用强光手电、评估夹、漆膜厚度仪、轮胎花纹深度尺等专业工具鉴定时，要小心谨慎，避免因为使用、放置不当导致客户车辆受损，引起客户抱怨甚至纠纷。此外，作业人员不应佩戴尖锐的装饰物，以免划伤客户车辆。

2.4.3 静态鉴定工具与表单

1. 静态鉴定常用工具

为使静态鉴定作业更加完善、专业、准确，令客户信服，鉴定评估人员作业过程中要充分利用评估夹、强光手电、轮胎花纹深度尺、漆膜厚度仪、轮胎气压表、小镜子、温度计等作业工具，见图2-7。

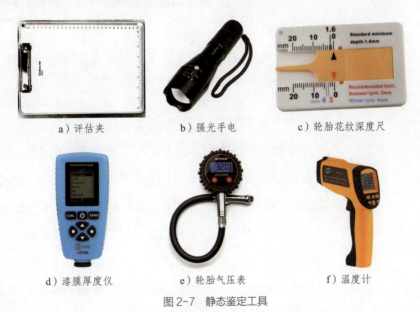

a）评估夹　　b）强光手电　　c）轮胎花纹深度尺
d）漆膜厚度仪　　e）轮胎气压表　　f）温度计

图2-7　静态鉴定工具

1）评估夹，是鉴定评估人员必备的作业工具，用于夹带纸质评估表。推荐使用带刻度尺的评估夹，便于在发现裂纹、划痕等缺陷时测量尺寸。

2）强光手电，用于在光照不足的条件下或对隐蔽部位进行鉴定作业。

3）轮胎花纹深度尺，既是作业工具，又是服务工具，用于测量轮胎胎面

的磨损程度。

4)漆膜厚度仪(最好选用适用于铝合金板件的产品),用于测定车身油漆涂层的均匀性和厚度。按照 QC/T 484—1999《汽车油漆涂层》标准的规定,轿车油漆涂层出厂时的总厚度应为 120～150μm。如果某处油漆涂层厚度过大,则可能有修补喷漆历史。

5)轮胎气压表,与轮胎花纹深度尺一样,既是作业工具,又是服务工具,而且有些轮胎气压表带有测量花纹深度的功能。

6)小镜子,用于查验隐蔽处的零部件状况。

7)温度计,用于测量空调出风口的气温,作为判断空调压缩机状况的依据。

对于各类机电故障,需要寻求专业维修技师的帮助,用专用故障诊断仪等仪器设备进行深入检测。

2. 静态鉴定表单

为树立鉴定评估作业的专业性,赢得客户信任,静态鉴定作业要使用规范的表单记录鉴定情况,见图 2-8(图中表单均源自 GB/T 30323—2013《二手车鉴定评估技术规范》)。

1)二手车鉴定评估委托书,是鉴定评估作业的法定委托文书,对于需要出具具有法律效力的鉴定报告书的第三方二手车鉴定评估机构尤其重要。鉴定评估委托书体现了鉴定评估作业的严肃性。

2)二手车鉴定评估作业表,用于记录鉴定评估结果,要依照车辆登记证书或客户行驶证完整地填写相关信息,完成鉴定后需要请客户在鉴定评估作业表上签字确认。

第2章 二手车鉴定评估：洞若观火，明察秋毫

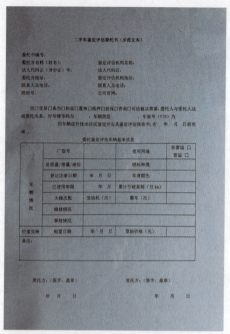

a）二手车鉴定评估委托书

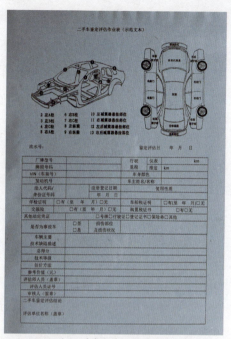

b）二手车鉴定评估作业表

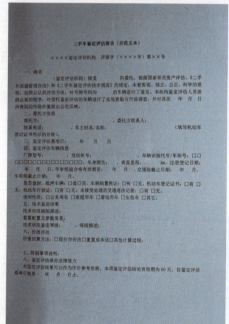

c）二手车鉴定评估报告1

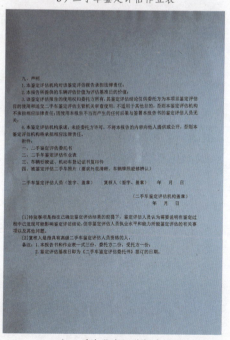

d）二手车鉴定评估报告2

图2-8 部分静态鉴定表单示意

3）二手车鉴定评估报告，是交予客户的车辆鉴定评估结论性报告，应写明车辆的安全技术状况，以及鉴定评估作业时点的车辆市场价值，供客户参考。

4）评估后车辆使用建议表，没有评估报告正式，但能就车辆状况和市场价值向客户提出建议，属于服务型工具，能提升客户满意度。

> **实战点睛** 行业常用的《二手车鉴定评估表》
>
> 实际的二手车鉴定评估作业中，除使用 GB/T 30323—2013《二手车鉴定评估技术规范》中的《二手车鉴定评估作业表》外，很多二手车企业和鉴定评估人员也会使用表 2-8 所示的《二手车鉴定评估表》。鉴定评估人员在完成车辆所有人及车辆证明/凭证审核、静态/动态鉴定后，必须完整填写《二手车鉴定评估表》。

2.4.4 七方位绕车鉴定法

1. 概述

（1）作用

七方位绕车鉴定法借鉴新车销售产品介绍的"六方位绕车法"来组织实施，能最大限度地避免遗漏，降低业务风险，展现专业性，同时能更好地吸引客户参与，提升客户体验感，缓解客户的抗拒心理，为鉴定后的报价、成交奠定良好基础。

（2）步骤

七方位绕车鉴定法的步骤：方位 1—驾驶舱→方位 2—车

第 2 章　二手车鉴定评估：洞若观火，明察秋毫

表 2-8　行业常用二手车鉴定评估表

□置换（拟购车型：　　　）	□非置换　□初次　□再次鉴定评估		推荐人：		编号（No.）：	
所有人		住　所			电　话	
车辆品牌型号	排量	发动机		变速器	车辆类型	
	L	□增压　□自然吸气		□手动　□自动　□手自一体	□三厢　□两厢　□越野车　□SUV □MPV　□跑车　□轿车	
号牌号码	生产厂家	VIN（车架号码）		发动机号码	使用性质	保险到期日
					□非营运　□营运	交强险　　年　月　日 商业险　　年　月　日
出厂时间	注册时间	变更次数	车辆产地	颜色	表显里程	推测里程	能源种类	事故状态描述
					km	km	□汽油　□柴油 □其他	□无　□有 （□轻微　□一般　□严重）

车辆配置	□普通漆　□金属漆　□珍珠漆　□中／遥控锁　□免钥匙进入　□启动　□巡航　□助力转向　□桃木　□真皮转向盘　□后门电动窗　□天窗（全景）　□雨量传感器　□遮阳帘　□气囊　□膝部气囊　□侧气帘　□桃木内饰　□真皮座椅　□座椅加热（通风）　□座椅电动调节　□头枕通风　□（4/6）折叠后座椅　□折叠硬顶／软顶／卡槽　□CD　□DVD　□GPS　□倒车影像　□空调　□烟缸　□ABS/ESP/TCS　□合金轮毂　□全尺寸　□合金备胎　□LED前照灯　□前照灯清洗　□前驱　□后驱　□四驱　□四轮转向　□盘式制动器　□底盘升降　□行李舱电动关闭　□后窗雨刮　□加热　□车窗自闭系统　□电动后门启闭　□底盘升降调节
车辆证明／凭证	□登记证书　□行驶证　□车船税　□保险（□商业　□交强）　□年检标识　□检验有效期至：　　年　月 □有违法记录　□有　□无未清偿购车贷款　□其他

A：凹陷　G：（需）更换　H：划痕　M：磨损　　　P 喷漆　Q&H：切割／焊接　Z：脏污

		检查项目	说明
		发动机舱盖／水箱面罩	
		前后翼子板	
	外装饰及钣金件	车门	
		前后保险杠	
		后围板／行李舱盖	
		全车风窗玻璃	
		全车灯（罩）	
		全车门密封条及装饰条	
说明：			
		车内饰顶／遮阳板／储物箱	
	内装饰	座椅及其功能	
		仪表功能指示灯／车内外照明	
		全车门内饰板／拉手／儿童锁止装置	

	检查项目	说明		检查项目	说明
车身车架	水箱框架／前纵梁／前横梁／前翼子板内侧			转向机助力系统／液压管路	
	底盘纵梁／后围板内侧／后翼子板内侧			冷却、空调管路系统	
	车顶／顶边／A、B、C、D柱		机械及电器	点火起动系统／蓄电池／电池包／熔丝盒	
	核对车架号码／发动机号码／铭牌／标牌			影音／扬声器系统	
	故障诊断仪查询故障码			电动窗机／天窗装置／风窗刮水器	
	发动机运转状况／油液面			安全带／安全气囊／驻车系统	
动力总成及行驶传动	变速器状况／离合器／油液面			油箱／行李舱／发动机舱盖锁止机构	
	离合器／加速踏板行程		其他	附件：千斤顶；轮毂螺帽扳手；灭火器；螺丝刀；警示牌；点烟器；遥控器；钥匙套；车辆使用说明书；原厂保修手册；三包；延保凭证；认证二手车认证证书	
	排放系统／消声器／三元催化转化器				
	四轮制动性能／制动助力系统				
	四轮减振系统／驱动半轴／转向横拉杆		日期	跟踪人	新增信息
	四轮胎／轮毂／轮罩帽				
重置车价（元）	评估日期	车况定性描述	跟踪回访记录		
评估价格（元）	评估人签字	□接近新车　□良好 □好　□较好　□较差　□差　□很差			
评估有效期至：　　年　月		□接近报废　□应报废			

103

身前部→方位 3—发动机舱→方位 4—车身右侧→方位 5—车身后部→方位 6—车身左侧→方位 7—车身底部，见图 2-9。

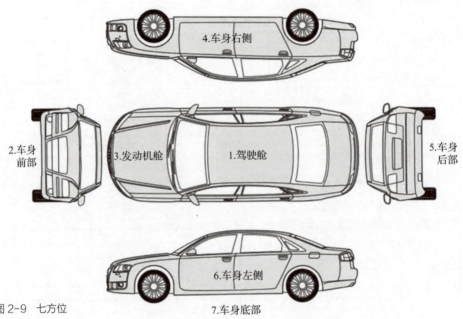

图 2-9　七方位绕车鉴定法步骤示意

（3）作业思路

主要从机电性能、钣金喷漆、内饰状况三个方面进行鉴定，判断有无故障和损伤（并确定损伤程度），是否有修复/更换历史。如果需要整备甚至维修，还要预估整备或维修所需的时间和资金。

（4）作业技巧

实际操作中，要进行前后对比、左右对比、上下对比，才能将有问题的部位、零部件甄别出来，判断出问题的严重程度、对车辆价值的影响，预估出整备或维修所需的时间和资金。

针对品牌汽车经销商的置换业务，鉴定评估人员应邀请新车销售顾问陪同客户参与/见证鉴定作业过程，因为新车销售顾问能促进互动交流,缓解客户的抗拒心理,同时也能帮助鉴定评估人员完成简单的辅助性工作,例如拿评估夹、踩踏加速/制动踏板(辅助鉴定评估人员查看尾气状况、尾灯功能是否正常)等。

2. 作业内容及要点

(1)方位 1—驾驶舱:驾驶座

鉴定部位:驾驶座,见图 2-10。

图 2-10　驾驶座鉴定视角

操作流程:用洁净的毛巾擦拭双手(或佩戴洁净的白手套,主要针对高端豪华品牌二手车)→打开车门→安装"五件套"(座椅套、转向盘套、变速杆套、驻车制动器操纵杆套、脚垫)→入座。鉴定豪华品牌二手车时更应注意这一流程。

使用工具:车钥匙、行驶证、强光手电、温度计、评估表+带刻度尺的评估夹、智能手机等。

鉴定标准:不遗漏任何部位,对机电性能和内饰状况逐项检查,必须判定是否有故障和损伤,是否需要整备或维修,以及相应的时间和资金成本。

作业姿态:进入驾驶座,坐姿。

操作动作:利用"五感法"(听觉、视觉、嗅觉、触觉、味觉)做定性判断,利用温度计、带刻度尺的评估夹等做定量判断。分别开启油箱盖、行李舱盖、发动机舱盖,检查机油、转向助力油、冷却液等油液的油位/液位和质量后,起动发动机(对于纯电动汽车,接通电源)。按照从下到上、从左到右、从前到后的顺序查验,见图2-11。

图2-11 驾驶座鉴定操作示意

作业内容:记录表显里程等信息,估计实际累计行驶里程(一般而言,制动盘每磨耗1mm,对应的行驶里程约为10000km)。

检查尾气状况、发动机怠速运转状况、中控台控制面板功能键状况、门窗(含天窗)功能/控制键状况、空调系统工作状况(用温度计测量出风口温度,制冷时温度在5～8℃为正常)、空气弹簧系统工作状况、转向盘及转向盘功能键状况、后视镜功能/控制键状况、座椅功能/控制键状况、车窗功能/控制键状况、安全气囊(气帘)/安全带状况、风窗玻璃刮水器/前照灯清洗装置工作状况、车门活动机构状况、多媒体/车联网系统工作状况、音响扬声器状况、倒车雷达提示音/后视摄像头状况等;对于电动汽车,还需要核查剩余电量、动力蓄电池功耗和电量衰减状况等。

检查仪表板（台）/中控台/座椅/门板等表面、地板/地毯/顶篷等有无损坏、拆装、修复痕迹。检查各装配件的装配缝隙是否均匀一致。

（2）方位1—驾驶舱：副驾驶座

鉴定部位：副驾驶座，如图2-12所示。

操作流程：擦拭双手→打开车门→入座。

使用工具：强光手电、评估表+带刻度尺的评估夹、智能手机等。

图2-12　副驾驶座鉴定视角

鉴定标准：不遗漏任何部位，必须判定是否有故障和损伤，是否需要整备或维修，以及相应的时间和资金成本。

作业姿态：坐姿。

操作动作：进行定性、定量判断。按照从下到上、从左到右、从前到后的顺序查验。

作业内容：检查风窗玻璃是否有更换史、座椅功能/控制键状况、车窗功能/控制键状况、安全气囊（气帘）/安全带状况、多功能显示器（如有）工作状况、扶手箱和杂物箱状况、音响扬声器状况等；检查中控台（副驾驶侧）/座椅/门板等表面、地板/地毯/顶篷等有无损坏、拆装、修复痕迹。检查各装配件的装配缝隙是否均匀一致。

（3）方位 1—驾驶舱：后排座椅

鉴定部位：后排座椅，如图 2-13 所示。

操作流程：擦拭双手→打开车门→入座。

使用工具：强光手电、温度计、评估表＋带刻度尺的评估夹、智能手机等。

鉴定标准：不遗漏任何部位，必须判定是否有故障和损伤，是否需要整备或维修，以及相应的时间和资金成本。

作业姿态：坐姿。

操作动作：进行定性、定量判断。按照从下到上、从左到右、从前到后的顺序查验。

图 2-13　后排座椅鉴定视角

第2章 二手车鉴定评估：洞若观火，明察秋毫

作业内容：检查中央扶手状况、头枕多功能显示器（如有）工作状况、后排空调出风口温度、安全气帘／安全带状况、座椅功能／控制键状况、音响扬声器状况、地图灯／阅读灯状况等；检查座椅／门板／空调出风口等表面、地板／地毯／顶篷等有无损坏、拆装、修复痕迹。检查各装配件的装配缝隙是否均匀一致。

（4）方位2—车身前部：左前部（45°角）

鉴定部位：车身左前部，见图2-14。

图2-14 车身左前部鉴定视角

操作流程：由远（距车身2m处）及近（距车身约1步处）观察。

使用工具：强光手电、评估表+带刻度尺的评估夹、智能手机等。

鉴定标准：不遗漏任何部位，判定是否有损伤，初步判断损伤程度。

作业姿态：半蹲、站立。

操作动作：进行定性、定量判断。按照从下到上、由远至近的顺序查验，视线与车辆腰线齐平。

作业内容：检查前后车门、翼子板有无变形／色差，腰线是否连贯；大致记录损伤情况，待进行方位6鉴定时再详细记录。

（5）方位2——车身前部：正前部

鉴定部位：车身正前部，见图2-15。

图2-15　车身正前部鉴定视角

操作流程：由远（距车身2m处）及近（距车身约1步处）观察。

使用工具：强光手电、评估表＋带刻度尺的评估夹、漆膜厚度仪、智能手机等。

鉴定标准：不遗漏任何部位，判定是否有损伤及损伤程度。

作业姿态：半蹲、站立。

操作动作：进行定性、定量判断。按照从下到上、由远至近的顺序查验。

作业内容：在助手或车主的协助下，检查前照灯/灯罩状况（类型及是否原装）、车身左右高差、前轮外倾状况等；检查车身漆面厚度及有无色差、风窗玻璃有无裂纹/孔洞及是否原装、风窗玻璃密封胶（条）状况、发动机舱盖状况、前保险杠状况、车身装配状况、冲压特征线状况等。

（6）方位2——车身前部：右前部（45°角）

鉴定部位：车身右前部，见图2-16。

图 2-16　车身右前部鉴定视角

操作流程：由远（距车身 2m 处）及近（距车身约 1 步处）观察。

使用工具：强光手电、评估表 + 带刻度尺的评估夹、智能手机等。

鉴定标准：不遗漏任何部位，判定是否有损伤，初步判断损伤程度。

作业姿态：半蹲、站立。

操作动作：进行定性、定量判断。按照从下到上、由远至近的顺序查验，视线与腰线齐平。

作业内容：检查前后车门、翼子板有无变形／色差，腰线是否连贯；大致记录损伤情况，待进行方位 4 鉴定时再详细记录。

（7）方位 3—发动机舱：钣喷

鉴定部位：发动机舱盖、发动机舱，见图 2-17。

图 2-17　发动机舱鉴定视角

操作流程：打开发动机舱盖（在方位1时已拉开发动机舱盖锁扣）。

使用工具：强光手电、小镜子、评估表+带刻度尺的评估夹、智能手机等。

鉴定标准：不遗漏任何部位，判定是否有损伤及损伤程度。

作业姿态：站立、躬身。

操作动作：进行定性、定量判断。按照从上到下、从左到右、由远至近的顺序查验，见图2-18。

图2-18 发动机舱钣喷/内饰鉴定示意

作业内容：检查发动机舱盖材质及是否更换、密封胶/焊点/铰链/螺栓状况、表面涂层状况等；查验VIN和发动机号，检查防火墙及防火墙走水槽上沿、左右翼子板内侧及螺栓状况、左右减振器支架状况、左右副车架状况、水箱支架状况、散热器（发动机散热器、增压中冷器、空调散热器）状况等。如果需要整备或维修，则要预估时间和资金成本。

（8）方位3—发动机舱：机电

鉴定部位：发动机舱。

操作流程：机械性能→电气性能→油液。

使用工具：强光手电、小镜子、评估表＋带刻度尺的评估夹、智能手机等。

鉴定标准：不遗漏任何部位，判定异响部位。

作业姿态：站立、躬身。

操作动作：进行定性、定量判断。按照从上到下、从左到右、由远至近的顺序查验。必要时请汽车维修技师辅助，可能会使用故障诊断仪等专业仪器或工具，见图 2-19。

图 2-19　发动机舱机电 / 内饰鉴定示意

作业内容：检查发动机缸体 / 缸盖状况、发动机运转状况（是否平稳、有无异响）、进 / 排气歧管与缸盖接合处有无漏气 / 窜气、气门室盖密封垫状况，转向机 / 半轴状况、风窗玻璃刮水器状况等；检查各传感器状况、空调制冷状况、ABS 泵状况、蓄电池状况、气 / 液管路 / 电缆状况等。

（9）方位 3—发动机舱：内饰

鉴定部位：发动机舱盖、发动机舱。

操作流程：发动机舱盖→发动机舱。

使用工具：强光手电、小镜子、评估表＋评估夹、智能手机等。

鉴定标准：不遗漏任何部位。

作业姿态：站立、躬身。

操作动作：进行定性、定量判断。按照从上到下、从左到右、由远至近的顺序查验，见图 2-18、图 2-19、图 2-20。

作业内容：检查发动机舱隔声板状况（有无损伤、泡水、过火）等；检查机件/饰件/舱壁有无损伤及损伤程度、表面有无油污及是否可清除等。

（10）方位 4—车身右侧：总览

鉴定部位：车身右侧，见图 2-21。

操作流程：由远（距车身 2m 处）及近（距车身约 1 步处）观察。

使用工具：强光手电、轮胎花纹深度尺、评估表 + 带刻度尺的评估夹、智能手机等。

图 2-20　发动机舱损伤鉴定示意

图 2-21　车身右侧鉴定视角

第2章 二手车鉴定评估：洞若观火，明察秋毫

鉴定标准：不遗漏任何部位，判定是否有损伤及损伤程度。

作业姿态：站立、半蹲。

操作动作：进行定性、定量判断。按照从上到下、从前到后、由远至近的顺序查验。

作业内容：检查车顶/车顶行李架状况、保险杠（侧部）状况、前后翼子板状况、前后车门状况、腰线、前后悬架状况、前后车轮状况等；检查车身表面有无色差。

（11）方位4—车身右侧：前部

鉴定部位：右前翼子板、右前车轮、悬架、前保险杠右部。

操作流程：近距离观察。

使用工具：强光手电、轮胎花纹深度尺、漆膜厚度仪、评估表+带刻度尺的评估夹、智能手机等。

鉴定标准：不遗漏任何部位，判定是否有损伤及损伤程度。

作业姿态：站立、半蹲。

操作动作：进行定性、定量判断。按照从上到下、从前到后、从外到内的顺序查验，见图2-22。

图2-22 车身右侧前部鉴定操作示意

作业内容：检查翼子板钣喷状况、翼子板与保险杠/前照灯/车门的接缝状况、风窗玻璃状况（对方位1的补充）等；检查悬架（减振器）状况、轮胎

状况、轮毂状况、制动盘/摩擦片状况等；检查挡泥板/轮拱护板状况、减振器防尘套状况等。

（12）方位4—车身右侧：中部及前门

鉴定部位：前车门、A柱、B柱、车顶前部。

操作流程：近距离观察。

使用工具：强光手电、评估表+带刻度尺的评估夹、漆膜厚度仪、智能手机等。

鉴定标准：不遗漏任何部位，判定是否有损伤及损伤程度。

作业姿态：站立、半蹲。

操作动作：进行定性、定量判断。按照从上到下、从前到后、从外到内的顺序查验，见图2-23。

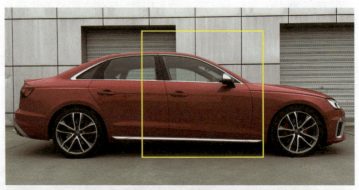

图2-23 车身右侧中部及前门鉴定操作示意

第 2 章 二手车鉴定评估：洞若观火，明察秋毫

作业内容：检查车顶前部/A 柱/B 柱/门框/门槛/门外板状况、车门饰板/铰链/螺栓状况、密封胶/胶条/焊点状况、后视镜状况等；检查车门窗玻璃升降器状况、车门灯状况、音响扬声器状况等（对方位 1 的补充）。

（13）方位 4—车身右侧：中部及后门

鉴定部位：后车门、B 柱、C 柱、D 柱（如有）、车顶后部。

操作流程：近距离观察。

使用工具：强光手电、评估表+带刻度尺的评估夹、漆膜厚度仪、智能手机等。

鉴定标准：不遗漏任何部位，判定是否有损伤及损伤程度。

作业姿态：站立、半蹲。

操作动作：进行定性、定量判断。按照从上到下、从前到后、从外到内的顺序查验，见图 2-24。

图 2-24 车身右侧中部及后门鉴定操作示意

作业内容：检查车顶后部/B柱/C柱/D柱（如有）/门框/门槛/门外板状况、车门饰板/铰链/螺栓状况、密封胶/胶条/焊点状况等；检查车门窗玻璃升降器状况、车门灯状况、音响扬声器状况等（对方位1的补充）。

（14）方位4—车身右侧：后部

鉴定部位：后车门、B柱、C柱、D柱（如有）、车顶后部。

操作流程：近距离观察。

使用工具：强光手电、评估表+带刻度尺的评估夹、漆膜厚度仪、智能手机等。

鉴定标准：不遗漏任何部位，判定是否有损伤及损伤程度。

作业姿态：站立、半蹲。

操作动作：进行定性、定量判断。按照从上到下、从前到后、从外到内的顺序查验，见图2-25。

作业内容：检查车顶后部/B柱/C柱/D柱（如有）/门框/门槛/门外板状况、车门饰板/铰链/螺栓状况、密封胶/焊点状况等。

（15）方位5—车身后部：远观

鉴定部位：车身后部。

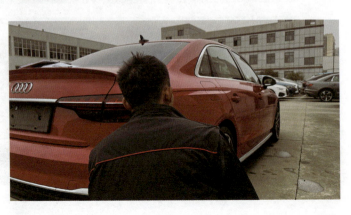

图2-25 车身右侧后部鉴定操作示意

第 2 章 二手车鉴定评估：洞若观火，明察秋毫

操作流程：距车身 2m 处观察。

使用工具：强光手电、评估表＋带刻度尺的评估夹、智能手机等。

鉴定标准：不遗漏任何部位，判定是否有损伤及损伤程度。

作业姿态：站立、半蹲。

操作动作：进行定性、定量判断。按照从上到下、从左到右的顺序查验。请助手或车主协助操作尾灯/后雾灯开关、踩踏加速踏板，以判断尾灯/后雾灯状况和尾气状况，见图 2-26。

图 2-26 车身后部鉴定示意

作业内容：检查车顶状况、后风窗玻璃状况、行李舱盖状况、尾灯/后雾灯状况等；检查后轮定位状况（是否呈内"八"字或外"八"字状）、车身端正程度、车身左右高差、表面色差、装配缝隙等。

（16）方位 5—车身后部：近辨

鉴定部位：车顶后部、后风窗玻璃、行李舱盖、尾灯、后轮、车尾。

操作流程：近距离观察。

使用工具：强光手电、评估表 + 带刻度尺的评估夹、漆膜厚度仪、智能手机等。

鉴定标准：不遗漏任何部位，判定是否有损伤及损伤程度。

作业姿态：站立、半蹲。

操作动作：进行定性、定量判断。按照从上到下、从左到右的顺序查验，见图 2-27。

图 2-27　车身后部近辨鉴定操作示意

作业内容：检查车顶后部状况、行李舱盖状况、后保险杠状况、后风窗玻璃状况、车身表面有无色差等；查看焊点/密封胶状况；检查尾灯状况、牌照灯状况、泊车辅助系统传感器/摄像头状况等。

（17）方位5—车身后部：行李舱上层

鉴定部位：行李舱盖内侧、左右翼子板内侧、行李舱上层、后围板。

操作流程：近距离观察。

使用工具：强光手电、评估表+带刻度尺的评估夹、漆膜厚度仪、智能手机等。

鉴定标准：不遗漏任何部位，判定是否有损伤及损伤程度。

作业姿态：站立、半蹲。

操作动作：进行定性、定量判断。按照从上到下、从前到后、从左到右的顺序查验，见图2-28。

图2-28　行李舱鉴定操作示意

作业内容：检查行李舱盖/铰链/支撑杆状况、左右翼子板状况、行李舱底板状况、后围板状况、焊点/密封胶状况、保险杠状况、后风窗玻璃状况等；检查蓄电池（针对蓄电池安置在行李舱内的车辆）状况、电缆状况等；检查行李舱盖隔声板状况、行李舱底板隔声棉状况、舱口密封胶条状况、地板垫状况、后排座椅放倒机构状况、行李舱逃生开关状况等。

（18）方位5—车身后部：行李舱下层（备胎舱）

鉴定部位：备胎舱。

操作流程：取出备胎，近距离观察。

使用工具：强光手电、小镜子、评估表+带刻度尺的评估夹、智能手机等。

鉴定标准：不遗漏任何部位，判定是否有损伤及损伤程度。

作业姿态：站立、躬身。

操作动作：进行定性、定量判断。按照从上到下、从前到后、从左到右的顺序查验，见图2-29。

图2-29 备胎舱鉴定操作示意

作业内容：检查备胎舱周边/底板/后围板/密封胶状况、备胎规格及状况等。

（19）方位6—车身左侧

鉴定部位：车身左侧，见图2-30。

本方位与"方位4—车身右侧"的大部分内容一致，增加了"收尾"的流程和操作。

1）检查全车轮胎的品牌、规格、花纹是否一致，出厂时间是否相近或一致。

第 2 章 二手车鉴定评估：洞若观火，明察秋毫

图 2-30 车身左侧鉴定视角

2）检查全车玻璃的标识是否一致，不同部位玻璃的出厂时间是否一致或接近（时间间隔一般不会超过 90 天）。

3）除去"五件套"。

4）将各部件、功能恢复到原状态。

5）用毛巾擦拭干净鉴定过程中手触碰过的部位。

6）熄灭发动机，关闭电源。

7）将车钥匙（及其他证件）还给客户并感谢其参与鉴定。

（20）方位 7——车身底部

鉴定部位：车身底部。

使用工具：强光手电、评估表 + 带刻度尺的评估夹、轮胎花纹深度尺、智能手机等。

操作动作：将车辆用举升机举起，或驶上维修作业地沟。按照从前到后、从左到右的顺序查验，见图 2-31。

作业内容：检查发动机底护板状况、车底整流板状况、发动机油底壳状况、变速器壳状况、燃油箱状况、排气管状况、消声器状况、三元催化转化器状况、悬架状况、轮胎（内侧）状况、减振器状况、制动盘/摩擦片状况、驻车制动器状况；检查机油、变速器油、冷却液是否渗漏；检查减振器、液压悬置等是

否渗液；检查车身底部有无拉伸/校正/修复痕迹、底板/裙边有无拼接/断裂痕迹等。对于电动汽车，要检查动力蓄电池包密封、封装状况。

图 2-31 车身底部鉴定操作示意

对于发现的损伤，需要判定损伤程度及修复、整备的成本。

汽车玻璃基本知识

1. 汽车玻璃种类

汽车前风窗玻璃普遍采用夹层玻璃，而侧窗玻璃和后风窗玻璃多采用钢化玻璃，也有些中高档车型的侧窗玻璃采用夹层玻璃。

1）夹层玻璃，由两层或两层以上的玻璃经胶合制成的加工型玻璃，一般分为平夹层玻璃和弯夹层玻璃两种。目前，广泛应用于汽车上的是弯夹层玻璃，少部分侧窗玻璃是平夹层玻璃。

2）钢化玻璃，将普通玻璃加热到接近软化温度时进行骤冷淬火制成的玻璃，分为全钢化和区域钢化两种，其表面压应力与内部张应力基本平衡,具有较强的抗冲击性和热稳定性,破裂后呈粉碎状,不会造成严重的二次伤害。

2. 汽车玻璃标识

汽车玻璃标识中的字码表示多种信息,包括生产时间、汽车品牌、玻璃生产厂家及其品牌,以及有关国家和地区的认证信息。二手车鉴定评估/采购人员必须掌握汽车玻璃标识的识读方法,以准确判断车辆的出厂时间和玻璃有无更换史。

图 2-32 所示为三种常见的汽车玻璃标识。

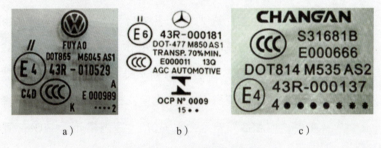

图 2-32 车用玻璃标识示意

1)图 2-32a 中的"····2":"2"表示生产年份是 2002 年;"····"在"2"前表示该玻璃是上半年生产的,用 7 减"·"的个数得出具体生产月份,即 7-4=3,因此,"····2"整体表示"2002 年 3 月生产"。

2)图 2-32b 中的"15··":"15"表示生产年份是 2015 年;"··"在"15"后表示该玻璃是下半年生产的,用 13 减"·"的个数得出具体生产月份,即 13-2=11,因此"15··"整体表示"2015 年 11 月生产"。

3)图 2-32c 中的"4····***":"4"表示生产年份是 2004 年;"····"表示生产季度是第 4 季度(有几个"·"就表示第几季度);"***"表示相应季度的第 3 个月(有几个"*"就表示相应季度的第几个月),因此"4····***"整体表示"2004 年 12 月生产"。

4)" " " " "CHANGAN"为汽车制造商商标。

5)"FUYAO"为玻璃制造商商标。

6)"43R-010529""43R-000181""43R-000137"表示获得欧洲共同体43R认证,尾缀数字段代表制造商。

7)"DOT865 M6045 AS1""DOT-477 M850 AS1""DOT814 M535 AS2"中的三个字码段分别表示获得美国交通部(DOT)认证、DOT认证的工厂及玻璃分类。

8)"AS1"表示通过ANSI Z26.1:1996《在公路上行驶的机动车和机动车设备的安全玻璃材料-安全标准》和FMVSS 205《联邦机动车安全标准(Federal Motor Vehicle Safety Standards);玻璃材料》全部测试的玻璃,可用在车辆的任何位置,透光率大于70%,多为夹层玻璃,由于其工艺复杂、价格高昂,一般只用作前风窗玻璃;"AS2"表示通过上述标准部分测试(例如不进行或未通过坠落钢球测试),可用在除前风窗外的任何位置,透光率大于70%,多为钢化玻璃;"AS3"表示隐私玻璃,透光率小于70%,可用于侧窗或天窗。

9)"E000989""E000011""E000666"为中国强制认证(3C)代码。

10)"(E4)""(E6)"为欧盟认证代码。

11)"(CCC)"表示获得中国强制认证(俗称"3C"认证)。

12)"N"为巴西INMETRO标识,"OCP N° 0009"为INMETRO法规号。

13)"//""||"表示夹层玻璃。

14)"TRANSP. 70%MIN"表示玻璃的透光率。

15)"HUD"表示适配抬头显示系统的玻璃。

16)"ACOUSTIC"表示隔声玻璃。

需要注意的是,汽车玻璃获得的认证越多,代表销售的区域越广,质量越有保障。

第2章 二手车鉴定评估：洞若观火，明察秋毫

汽车轮胎基本知识

1. 汽车轮胎种类

目前，汽车轮胎几乎都以橡胶为主要材料。按胎体结构的不同，汽车轮胎可分为充气轮胎和实心轮胎，大多数汽车采用充气轮胎。按组成结构的不同，汽车轮胎可分为有内胎轮胎和无内胎轮胎，大多数汽车采用无内胎轮胎。按胎体帘布层的帘线排列方向的不同，汽车轮胎可分为普通斜交轮胎和子午线轮胎（帘线排列方向与轮胎的子午断面一致），大多数汽车采用子午线轮胎。按胎内空气压力的大小，充气轮胎可分为高压轮胎、低压轮胎和超低压轮胎，大多数汽车采用低压轮胎或超低压轮胎。图2-33所示为无内胎、充气子午线轮胎。

近些年，宝马等品牌开始大量采用缺气保用轮胎，见图2-34。这种轮胎的特点是具有特别强化的侧壁和附加的横向加强结构，由耐热复合橡胶制成，即使胎压相对标准值大幅降低甚至接近于零，仍能安全行使一定距离（通常是以80km/h以下的速度行驶不超过80km）。

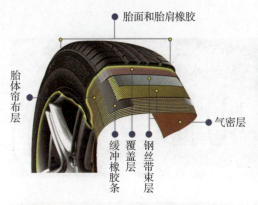

图2-33 无内胎、充气子午线轮胎结构示意

图2-34 缺气保用轮胎结构示意

2. 汽车轮胎字码

汽车轮胎胎肩的字码表示多种信息，包含了规格型号、生产时间、品牌、温度指数、速度指数、载荷指数、生产厂家及其品牌，以及有关国家和地区的认证信息，见图2-35。

127

1）图 2-35a 中的"205/55 R16 91H"表示轮胎的规格："205"表示轮胎的断面宽度是 205mm，"55"表示轮胎的高宽比（也称扁平比）是 55（轮胎高宽比 = 轮胎高度 / 轮胎宽度），"R"（Radial 的首字母）表示子午线轮胎，"16"表示轮辋直径是 16in，"91"表示轮胎的最大负载能力指数是 91，"H"表示轮胎的最高速度指数是 H。

表 2-9 所示为汽车轮胎最大负载能力指数及其对应的负载质量，表 2-10 所示为汽车轮胎最高速度指数及其对应的最高车速。

2）图 2-35a 中的"0722"表示轮胎的生产时间："22"表示轮胎的生产年份是 2022 年，"07"表示相应轮胎生产年份的第几周，"0722"整体表示轮胎的生产时间是"2022 年第 7 周"。

图 2-35 轮胎胎肩字码及相关标志物

a）轮胎规格

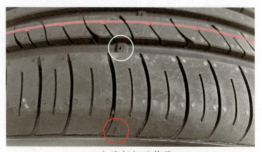

b）磨耗标示符号

c）轮胎安装面标识

d）轮胎最小质量部位

第 2 章 二手车鉴定评估：洞若观火，明察秋毫

表 2-9 轮胎最大负载能力指数及其对应的负载质量

最大负载能力指数	负载能力 /kgf	最大负载能力指数	负载能力 /kgf
80	450	90	600
81	462	91	615
82	475	92	630
83	487	93	650
84	500	94	670
85	511	95	690
86	530	96	710
87	545	97	730
88	560	98	750
89	580	99	775

注：1kgf = 9.80665N。

表 2-10 轮胎最高速度指数及其对应的最高车速

最高速度指数	最高车速 /（km/h）	最高速度指数	最高车速 /（km/h）
C	60	P	150
D	65	Q	160
E	70	R	170
F	80	S	180
G	90	T	190
J	100	U	200
K	110	H	210
L	120	V	240
M	130	W	270
N	140	Y	300

3）图 2-35b 中的红圈里的"Δ"（通常均布有 6 个）是轮胎磨耗标示符号（米其林轮胎的标示符号是"　"，固特异轮胎的标示符号是"　"，有些轮胎品牌是"TWI"）；白圈里的小凸起是轮胎磨耗警示标识（也称"安全线"），当轮胎胎面磨损到与小凸起持平时，必须更换轮胎。

4）轮胎的质量分布并不均匀，因此轮胎生产厂家会在质量最大和最小处

标注标识。

5）图 2-35c 中的"OUTSIDE"表示轮胎该面必须朝向车辆外侧装配，不能装反（内侧相应标有"INSIDE"字样）；实心红点标示了轮胎的纵向最大刚度点。

6）图 2-35d 中的黄圈标示了轮胎的最小质量部位，气门嘴应安置在此处附近，以平衡轮胎整体质量。

3. 轮胎的更换

1）磨损更换。轮胎（尤其是前轮轮胎）的磨损接近或达到极限状态（胎面与磨耗警示标识平齐）时必须更换。GB 7258—2017《机动车运行安全技术条件》规定：乘用车、挂车轮胎的胎冠花纹深度应 ≥ 1.6mm，摩托车轮胎的胎冠花纹深度应 ≥ 0.8mm，其他机动车转向轮轮胎的胎冠花纹深度应 ≥ 3.2mm，其余轮胎的胎冠花纹深度应 ≥ 1.6mm；轮胎胎面不应由于局部磨损而暴露出轮胎帘布层；轮胎不应有影响安全使用的缺损、异常磨损和变形。

2）鼓包更换。胎压过高会导致胎面触地面积过小，进而引发早期磨损，而滚动加速或散热不良会导致胎面温度过高，这两种情况都会造成轮胎鼓包（有帘布层断裂鼓包和脱层鼓包两种形式）。鼓包部分很容易发生爆裂，进而导致爆胎，引发事故，尤其是在高速行驶的情况下，因此，发现轮胎鼓包后必须立即更换。

3）穿刺更换。轮胎胎面有穿刺等情形发生时，如果刺孔直径＜6mm，可由专业人士采用内外结合的方法修补，如果有直径≥6mm 的刺孔，或刺孔过于密集，或有胎侧刺孔，则必须及时更换。

4）修补更换。轮胎靠近轮辋的胎侧位置几乎没有钢丝保

第 2 章 二手车鉴定评估：洞若观火，明察秋毫

护，行驶过程中会反复受压变形，如果出现破损，即使修补也很容易再次漏气甚至爆胎，因此必须及时更换。

5）老化更换。轮胎的主要原材料是橡胶，随着使用时间的增加，在阳光照射、高温、低温以及环境腐蚀等因素的影响下，橡胶会有不同程度的老化，当出现裂纹，或出现部分胎面脱落的情况时，必须及时更换。

6）更换周期。即使使用和磨损情况正常，轮胎在使用年限达到 5 年，或在累计行驶里程达到 7 万～8 万 km 时，都必须更换。

4. 备胎

1）全尺寸备胎。全尺寸备胎的品质、规格型号等与车辆出厂时装配在车轮上的轮胎完全一致，只是某些汽车制造商的备胎轮辋材质与车轮轮辋不一致，比如备胎轮辋可能是钢质而非铝合金质。每隔一年左右应更换备胎，否则备胎品质可能降低。进行二手车交易时，尤其要注意备胎的年限，及时处理长时间没有使用的备胎。

2）非全尺寸备胎。出于节省行李舱空间和成本的考虑，有些汽车制造商会为汽车配备非全尺寸备胎。非全尺寸备胎的速度指标、负载指标等通常比出厂装车的轮胎低很多，只能让车辆以 ≤ 80km/h 的速度短途行驶。

2.5 机动车证明与凭证等要件审核

2.5.1 概述

机动车证明、凭证、环保、保险状况、维修经历、抵押登记状态等信息，是查验车辆的合法性、来历、使用周期、保费状况、转移登记次数、事故历史等信息的判定依据，二手车鉴定评估/采购人员必须本着专业、全面的原则逐项查验，并给出专业、负责的查验结论，作为价格商谈和报价的重

要参考。

1. 车辆登记、使用、纳税、保险等证明、凭证要件组成

机动车登记证书、机动车行驶证、机动车交通事故责任强制保险凭证、机动车安全技术检验合格证明、车辆购置附加税完税/免税凭证、维修历史经历等。

2. 车辆来历证明、凭证要件组成

1）机动车销售统一发票或二手车销售统一发票，在国外购买的机动车的销售发票、海关《货物进口证明书》及其翻译文本。

2）监察机关出具的相关法律文书，以及相应的协助执行通知书。

3）人民法院出具的已经生效的调解书、裁定书或者判决书，以及相应的协助执行通知书；仲裁机构的仲裁裁决书和人民法院出具的协助执行通知书。

4）继承、赠予、中奖、协议离婚、协议抵偿债务的相关文书和公证机关出具的公证书；资产重组或者资产整体买卖中包含的机动车的资产主管部门的批准文件。

5）机关、企业、事业单位和社会团体统一采购并调拨到下属单位未注册登记的机动车销售统一发票和该部门出具的调拨证明。

6）机关、企业、事业单位和社会团体已注册登记并调拨到下属单位的机动车的调拨证明，被上级单位调回或者调拨到其他下属单位的机动车的上级单位出具的调拨证明。

7）经公安机关破案发还的被盗抢骗且已向原机动车所有人理赔完毕的机动车的权益转让证明书。

8）海关监管车辆的解除监管证明书或者海关批准的转让证明等。

2.5.2 审核要点

1. 证明、凭证真伪辨别

需要进行真伪辨别的主要是机动车登记证书和行驶证。

机动车登记证书，由公安部统一印制，防伪级别接近人民币，印制有很多图案和暗纹（用紫光灯照射且变换角度观察较容易辨识），车管所后期打印的字体为特殊字体，尤其是数字"0"形似"θ"，难以仿制。辨别登记证书的真伪，要结合该车所有人身份证明证件、机动车行驶证、车辆VIN等来印证。

登记证书第1页为注册登记和转移登记摘要信息栏，有条形码、登记证书编号和机动车登记编号（机动车登记编号即车辆号码，就是行驶证上记载的号牌号码，如"京A00000"），记录所有人等信息；第2页为注册登记机动车信息栏，有车辆相关技术、使用性质、获得方式、车辆出厂日期、发证机关章等信息；第3到第9页为登记栏，记录车辆变更、转让、抵押、注销、补领/换领登记证书等信息。

机动车行驶证，使用先进防伪技术（包括激光全息术）制作。辨别行驶证的真伪，要结合该车所有人身份证明证件、机动车登记证书、车辆VIN等来印证。

机动车行驶证每页都有防伪金属线。有车辆照片的一页封塑制作，有照片的一面有号牌号码、制作车管所、机动车查验登记站信息，以及"机动车行驶证"中英文暗纹、水波纹暗纹、车轮轮廓暗纹；另一面含有"中国""行驶证"的中、英文暗纹，以及中国结（中国结正中还印有正方形蓝色、绿色暗纹）、大小直线行驶指示箭头、右转弯指示箭头、货车、轿车、小圆点暗纹（用紫光灯照射且变换角度观察较容易辨识）。没有车辆照片的一页除了有防伪金属线外，还有条形码及其编号。

2. 证明、凭证等要件审核内容

（1）机动车登记证书

机动车登记证书见图 2-36。第 4~9 页为未展示的空白"登记栏"。

审核内容包括但不限于以下几点。

图 2-36 机动车登记证书

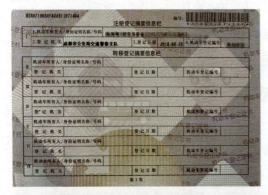

1）审核登记的机动车所有人的身份证明名称及号码是否与实体身份证明名称及号码一致。

2）审核注册登记日期（这是核算车辆使用年限的法定依据）是否与行驶证记载信息一致；审核车辆出厂日期（或者海关出具的《货物进口证明书》的日期）与注册登记日期间隔时间的长短（间隔时间超过 6 个月的为超长库存车辆，后期估价需谨慎）。

3）审核机动车登记编号与行驶证上的"号牌号码"是否一致。

4）审核累计转移登记次数，越多表明购买该车后后悔的买受人/购买人越多，后期估价需谨慎。

5）审核 VIN 与行驶证记载信息是否一致、与实车上的号码是否一致。

6）审核燃料种类（汽油、柴油、两用燃料、双燃料、纯电动、燃料电池、混合动力等）及其变更记录。

7）审核使用性质（与车辆强制报废

第 2 章　二手车鉴定评估：洞若观火，明察秋毫

期限相关），以及使用性质是否有变更记录。

8）审核发证日期与登记日期是否一致；如果不一致，可能是换领或者补领的登记证书，则还需了解补领、换领的原因。

9）审核变更登记信息、抵押登记和解除抵押登记的信息、质押备案信息等。

需要特别注意的是，机动车登记证书上记载的所有信息会伴随车辆（以 VIN 为准）终生，直到报废后的注销登记；记载的信息不会因为任何情况而丢失或者减少，除非登记人员失误。

（2）机动车行驶证

机动车行驶证见图 2-37。

审核内容包括但不限于以下几点。

1）审核行驶证上记载的所有信息与该车登记证书记载信息是否一致。

2）审核注册日期与发证日期是否一致，发证日期比注册日期晚的要注意其原因。

3）审核检验有效期。

4）审核实车 VIN、发动机号码与行驶证信息是否一致。

图 2-37　机动车行驶证

5）对于校车、载货汽车、使用性质为营运的载客汽车等车辆，还应审核强制报废截止时间（行驶证上有记载）。

（3）机动车保险

审核车辆的机动车交通事故责任强制保险的保险期间、车辆使用性质；审

核车辆商业保险的保险期间、车辆使用性质、承保险种和保险金额/责任限额。

使用"柠檬查""汽修宝"等App查验车辆的出险记录，出险/理赔次数多少、金额大小都会影响车辆的现实市场价格。

需要特别注意的是，某些车辆登记证书和行驶证的使用性质登记为"非营运"，而保险可能是"租赁"等营运性质。比如某些车辆登记为非营运，实际常被作为网约车营运使用，保险按营运车辆的保费规则缴纳和出险理赔。对于这种车辆，不能只看表显累计行驶里程，还要通过其他特征（制动盘/摩擦片、轮胎、装饰件磨损状况等）判断实际的累计行驶里程。

（4）道路交通违法记录

车辆有未处理的道路交通违法行为记录，公安交管部门不会为其办理转移登记业务，这会严重影响其成交过程。因此，二手车鉴定评估/采购人员和购买人/买受人必须查验车辆有无未处理的道路交通违法记录。

道路交通违法记录可通过"交管12123"App或网页查询。《中华人民共和国民法典》施行后，机动车违法、驾驶证记分、机动车报废信息不再提供公众匿名查询服务。二手车鉴定评估/采购人员和购买人/买受人可在征得车主/客户许可的情况下，登录其"交管12123"App账号，查询交易车辆的道路交通违法记录。

需要注意的是，查询有滞后期，且滞后期可能超过10天。为避免这一业务风险，在签订《二手车买卖/置换合同》时，需要与卖方明确约定，或交易时预留20%的车价尾款，待完成车辆转移登记后再向卖方支付尾款。

（5）车辆环保信息

车辆环保信息即排放标准，不仅会影响其成交价格，还会影响其流通范围，因为不同时间段，不同省、自治区、直辖市可能有不同的车辆排放标准转入限制，例如未达到我国特定阶段排放标准的车辆，有的省、自治区、直辖市禁止转入。

为规避业务风险，二手车经销企业必须与车辆买受人/购买人在买卖合同里明确约定："买受人/购买人或其代理人自己确认成交车辆能够办理转移登记的转入地范围；如果不能转入，买受人/购买人或其代理人自己承诺不退车且承担一切损失。"

可通过登录"机动车环保网"审核车辆环保信息，确认其达到哪一阶段的排放水平/排放标准等级。查询流程为：进入网站首页→进入公众查询平台→选择2017年1月1日以前或以后生产和进口的车辆→进入车辆信息公众查询→输入车辆VIN、发动机号、验证码→显示结果，见图2-38。

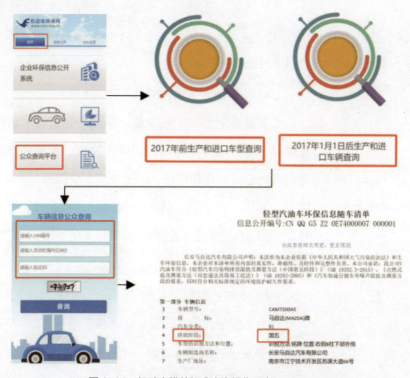

图2-38　机动车排放标准查询操作示意

（6）车辆购置税完税/免税凭证

目前，办理车辆转出所在辖区车管所的转移登记，不再需要办理车辆购置税完税证明的提档业务，只需要审核车辆购置税的征缴、免征情况。如果是免征税车辆提前转让/处置，则车辆所有人需要到税务管理机关办理补缴车辆购置税的手续并补缴，补缴的税款是车辆所有人缴纳，还是采购人/购买人/买受人缴纳，会影响车辆的交易价格，因此，交易合同里对此必须额外明确约定。

（7）海关监管车辆的免税事项

如果交易车辆处于海关监管期，则车辆所有人需要到海关办理提前解除监管的手续，补缴相应的关税并提供海关批准的转让证明。补缴的关税是车辆所有人缴纳，还是采购人/购买人/买受人缴纳，会影响车辆的交易价格，因此，交易合同里对此必须明确约定。

（8）车辆事故/维修历史

二手车鉴定评估/采购人员需要查询交易车辆的事故修复情况、总成部件维修情况、维护情况、维修地点等信息。查询出险记录和理赔情况，可通过该车投保的保险公司或"柠檬查"等第三方平台；查询维保记录，可通过该车所属品牌4S店的维修内网或"查博士""车300""汽修宝"等第三方平台。

（9）车辆抵押登记状态

二手车鉴定评估/采购人员可在征得车主/客户许可的情况下，登录其"交管12123"App账号查询、确认车辆抵押登记状态、质押备案等信息。

2.6 车辆所有人身份证明与凭证审核

2.6.1 概述

审核车辆所有人或其代理人的身份证明/凭证的目的,主要是确认其有无出卖或处置车辆的权利,是否确实为车辆的所有人或其代理人,身份凭证的真伪和有效期,代理人有无代理资格、有无车主授权委托书等。

机动车所有人指拥有机动车的个人或单位。个人指我国内地的居民和军人(含武警)以及香港、澳门特别行政区、台湾地区居民、定居国外的中国公民和外国人;单位指机关、企业、事业单位和社会团体以及外国驻华使领馆和外国驻华办事机构、国际组织驻华代表机构。

车辆所有人身份证明与凭证包括但不限于以下几种。

1)机关、企业、事业单位、社会团体的身份证明,是该单位的统一社会信用代码证书、营业执照或社会团体法人登记证书,以及加盖单位公章的委托书和被委托人的身份证明。机动车所有人为单位的内设机构,本身不具备领取统一社会信用代码证书条件的,可以使用上级单位的统一社会信用代码证书作为机动车所有人的身份证明。上述单位已注销、撤销或破产,其机动车需要办理变更登记、转移登记、解除抵押登记、注销登记、解除质押备案和补、换领机动车登记证书、号牌、行驶证的,已注销的企业的身份证明是市场监督管理部门出具的准予注销登记通知书;已撤销的机关、事业单位、社会团体的身份证明,是其上级主管机关出具的有关证明;已破产无有效营业执照的企业,其身份证明是依法成立的财产清算机构或人民法院依法指定的破产管理人出具的有关证明。商业银行、汽车金融公司申请办理抵押登记业务的,其身份证明是营业执照或加盖公章的营业执照复印件。

2)外国驻华使馆、领馆和外国驻华办事机构、国际组织驻华代表机构的身份证明,是该使馆、领馆或该办事机构、代表机构出具的证明。

3）居民的身份证明，是居民身份证或临时居民身份证。在户籍地以外居住的内地居民，其身份证明是居民身份证或临时居民身份证，以及公安机关核发的居住证明或居住登记证明。

4）军人（含武警）的身份证明，是居民身份证或临时居民身份证。在未办理居民身份证前，是军队有关部门核发的军官证、文职干部证、士兵证、离休证、退休证等有效军人身份证件，以及其所在的团级以上单位出具的本人住所证明。

5）香港、澳门特别行政区居民的身份证明，是港澳居民居住证，或其持有的港澳居民来往内地通行证，或外交部核发的中华人民共和国旅行证，以及公安机关出具的住宿登记证明。

6）台湾地区居民的身份证明，是台湾居民居住证，或其持有的公安机关核发的5年有效的台湾居民来往大陆通行证，或外交部核发的中华人民共和国旅行证，以及公安机关出具的住宿登记证明。

7）定居国外的中国公民的身份证明，是中华人民共和国护照和公安机关出具的住宿登记证明。

8）外国人的身份证明，是其持有的有效护照或其他国际旅行证件，停居留期3个月以上的有效签证或停留、居留许可，以及公安机关出具的住宿登记证明，或外国人永久居留身份证。

9）外国驻华使馆、领馆人员、国际组织驻华代表机构人员的身份证明，是外交部核发的有效身份证件。

第 2 章　二手车鉴定评估：洞若观火，明察秋毫

2.6.2　审核要点

审核内容包括但不限于以下几点。

1）审核机关、企业、事业单位、社会团体的身份证明是否在有效期内，是否加盖应该加盖的单位公章，审核委托书和被委托人的身份证明；审核车辆所有人的身份信息是否与车辆登记证书、行驶证登记信息一致。

2）审核外国驻华使馆、领馆和外国驻华办事机构、国际组织驻华代表机构的身份证明是否在有效期内、相关机构出具的证明是否加盖公章或签字及其有效期；审核委托书和被委托人的身份证明；审核车辆所有人的身份信息是否与车辆登记证书、行驶证登记信息一致。

3）审核居民及其代理人的身份证明是否在有效期内，委托书的期限、签字是否完整；审核车辆所有人的身份信息是否与车辆登记证书、行驶证登记信息一致。

4）审核军人（含武警）的身份证明是否在有效期内，委托书（若有）的期限、签字是否完整；审核所在的团级以上单位出具的本人住所证明；审核车辆所有人的身份信息是否与车辆登记证书、行驶证登记信息一致。

5）审核香港、澳门特别行政区居民的身份证明是否在有效期内，委托书（若有）的期限、签字是否完整；审核公安机关出具的住宿登记证明；审核车辆所有人的身份信息是否与车辆登记证书、行驶证登记信息一致。

6）审核台湾地区居民的身份证明是否在有效期内，委托书（若有）的期限、签字是否完整；审核公安机关出具的住宿登记证明；审核车辆所有人的身份信息是否与车辆登记证书、行驶证登记信息一致。

7）审核定居国外的中国公民的中华人民共和国护照和公安机关出具的住宿登记证明是否在有效期内；审核委托书（若有）的期限、签字是否完整；审核车辆所有人的身份信息是否与车辆登记证书、行驶证登记信息一致。

8）审核外国人的身份证明以及公安机关出具的住宿登记证明是否在有效期内；审核委托书（若有）的期限、签字是否完整；审核车辆所有人的身份信

息是否与车辆登记证书、行驶证登记信息一致。

9）审核外国驻华使馆、领馆人员、国际组织驻华代表机构人员的外交部核发的有效身份证件的有效期；审核委托书（若有）的期限、签字是否完整；审核车辆所有人的身份信息是否与车辆登记证书、行驶证登记信息一致。

2.7 价格估算与报价

2.7.1 价格估算

只有对车辆的安全技术状况、维保历史、保险状况、交通违法行为记录、环保标准等进行全面、专业的鉴定，并对车辆所有人或其代理人的身份信息进行审核后，估算价格或向客户/车辆所有人或其代理人报价才准确且具有现实意义。

车辆鉴定评估后的价格估算和报价要考虑的主要因素如下。

1）国家及地方有关法律法规。国家或地方的车辆报废和排放等法规、限购/限迁/限行政策的实施或取消，都会影响客户选购二手车的需求和热情，排放法规和报废政策对二手车价格的影响相对较大。

2）车辆的已使用年限，指汽车已经累计行驶的年数。汽车在各种道路和气候条件下工作时，其技术状况会因零件自然磨损、化学腐蚀、机件变形、加工装配质量不良以及运行条件较差、使用维护不当等因素恶化，造成使用性能恶化、运行成本增加。汽车的已使用年限和国家规定的报废年限（参见"实战链接：机动车强制报废标准规定"）都会对其交易

第2章 二手车鉴定评估：洞若观火，明察秋毫

时点的价格产生很大影响，已使用年限越长、越接近报废年限，二手车的成交价格越低。

3）安全技术状况，指可衡量的表征某一时刻汽车外观、内饰和性能的定性、定量参数值的总和。二手车鉴定评估/采购人员对车辆进行鉴定的主要目的就是准确、全面地掌握车辆的安全技术状况，为后期的报价、价格商谈寻找依据。安全技术状况的水平，以及是否有火烧、泡水、事故、被盗抢骗等历史，都会对二手车的成交价格造成较大影响。

4）维修情况及交易后的维修便利性。维修情况指车辆是在正规的维修场所（不一定是4S店）使用纯正零部件维修，还是在不规范的场所或使用了假冒伪劣零部件维修，以及是否按科学的周期/里程及时进行保养，这会对车辆的安全技术状况造成很大影响，进而导致很大的二手车价格差异。

车辆需要维修时，从交修到修竣接车的等待时间越短，维修便利性越好（主要受零部件供应情况和作业难度的影响）。维修便利性差的车辆在二手车市场上的受欢迎程度通常很低，二手车鉴定评估/采购人员出价时务必谨慎。

5）制造质量，指车辆的研发质量、设计质量、零部件配套质量、电子软件稳定性、加工和装配质量、出厂检验质量等。如果一款汽车的制造流程、制造环节、零部件质量管控不严，则其制造质量必然不高，二手车交易价格也相对较低。

6）品牌影响力，指车辆的商标品牌的市场占有率、知名度和美誉度等。品牌影响力往往与制造质量正相关。品牌影响力强的车辆保值率通常较高，二手车交易价格也能适当上扬。

7）使用性质。非营运车辆与营运车辆在报废年限上差距很大，不同类型的营运车辆在报废年限上也有很大差别。对于营运车辆，二手车鉴定评估/采购人员出价时务必谨慎。

8）工作条件。车辆是经常在高速公路等路况良好的地方行驶，还是经常在郊野等路况较差的地方行驶，是否经常满载甚至超载行驶，对其安全技术状况有很大影响。车辆日常的工作条件越差，安全技术状况也越差，二手车鉴定

评估/采购人员出价时务必谨慎。

9）本地保有量。指车辆在出卖地或拟转移登记的转入地的社会保有量。车辆保有量越大，保值率越高，交易价格也相对较高。对于异地采购业务，采购人员必须考虑车辆在转入地的保有量。

10）现行市场价格（含新车）。二手车的成交价格受同车型或类似车型新车销售价格调整的影响很大。一方面，新车价格下行，则二手车成交价格必然下探，但下探幅度通常没有新车大，时间也有滞后性；另一方面，与新车一样，二手车市场也有淡旺季之分，春节、国庆等假期前是二手车市场的旺季，而春节后的一段时间，以及高温、高寒季节都是淡季。

11）供求关系。如果一段时间内外埠的二手车经销企业或车商到本地市场或线上平台采购本地车的数量急剧下降，或某些车型的需求量突然减少，则本地车或某些车型的价格就会走低。此外，如果长期合作的二手车商突然都对"接盘"不感兴趣，则说明市场需求疲软，这一市场反应也必须关注。

12）库存状况。对于二手车经销企业或品牌汽车经销商的二手车部门，如果车辆库存系数过低，已经出现"车荒"，则可提高报价或收购价格；相反，如果库存系数超过1.5，甚至达到2.5以上，则消化现有库存是当务之急，必须谨慎报价/采购，除非拟采购/报价的车辆利润率很高。

13）车身色。不同车身色对二手车价格有一定影响，详见"2.1.7 汽车车身色"。

14）保值率。保值率=某一时点某款二手车的市场成交

第 2 章 二手车鉴定评估：洞若观火，明察秋毫

价格/该时点与该二手车配置相同的同款新车的销售价格。车辆保值率越高，在二手车市场的成交价格越高。中国汽车流通协会联合"精真估"（北京精真估信息技术有限公司）每月发布中国乘用车的保值率，二手车鉴定评估/采购人员、出卖人、消费者可参考。

15）零整比。零整比=某款车全部零部件的价格之和/该车完整新车的销售价格。零整比会影响不同品牌、车型的维修价格。车辆零整比越高，后续使用过程中可能付出的维修成本越高，二手车市场价格越低。中国保险行业协会和中国汽车维修行业协会向社会公开发布汽车零整比数据，二手车鉴定评估/采购人员、出卖人、消费者可参考。

实战链接

机动车强制报废标准规定

1. 规定简介

根据机动车使用和安全技术、排放检验状况，国家依法对达到报废标准的机动车实施强制报废。2013 年 5 月 1 日起施行的《机动车强制报废标准规定》取消了延缓报废制度，明确了非营运小、微型客车、大型轿车、轮式专用机械车没有使用年限限制；对达到一定行驶里程的机动车引导报废；规定临近使用年限 1 年（含 1 年）的机动车不得变更使用性质、转移所有权或者转出登记地所属地市级行政区域，即车辆达到报废标准前的 1 年内不能再进行买卖；已注册机动车在检验有效期届满后连续 3 个机动车检验周期内未取得机动车检验合格标志的应当强制报废；机动车使用年限起始日期按照注册登记日期计算，但自出厂之日起超过 2 年未办理注册登记手续的，按照出厂日期计算。

2. 机动车使用年限及行驶里程参考值

二手车鉴定评估/采购人员必须依据《机动车强制报废标准规定》的要求，参照车辆的已使用年限、累计行驶里程来判定二手车是否应当报废，或距强制

报废时间/里程的情况，再结合影响二手车价格的因素等，对车辆进行估价或向客户报价。

表2-11所示为依照《机动车强制报废标准规定》整理的机动车使用年限及行驶里程参考值，供二手车鉴定评估/采购人员参考。

表2-11 机动车使用年限及行驶里程参考值

车辆类型与用途				使用年限/年	行驶里程参考值/万km
汽车	载客	营运	出租客运 小、微型	8	60*
			出租客运 中型	10	50
			出租客运 大型	12	60
			租赁	15	60
			教练 小型	10	50
			教练 中型	12	50
			教练 大型	15	60
			公交客运	13	40
			其他 小、微型	10	60
			其他 中型	15	50
			其他 大型	15	80
			专用校车	15	40
		非营运	小、微型客车、大型轿车*	无	60
			中型客车	20	50
			大型客车	20	60
	载货		微型	12	50
			中、轻型	15	60
			重型	15	70
			危险品运输	10	40
			三轮汽车、装用单缸发动机的低速货车	9	无
			装用多缸发动机的低速货车	12	30
	专项作业		有载货功能	15	50*
			无载货功能	30	50

(续)

车辆类型与用途			使用年限/年	行驶里程参考值/万km
挂车	半挂车	集装箱	20*	无
		危险品运输	10	无
		其他	15	无
	全挂车		10	无
摩托车	正三轮		12	10
	其他		13	12
轮式专用机械车			无	50

注：1. 表中机动车主要依据 GA 802—2019《道路交通管理 机动车类型》进行分类，标注"*"的车辆为乘用车。

2. 对小、微型出租客运汽车（纯电动汽车除外）和摩托车，省、自治区、直辖市人民政府有关部门可结合本地实际情况，制定严于表中使用年限的规定，但小、微型出租客运汽车使用年限不得低于 6 年，正三轮摩托车不得低于 10 年，其他摩托车不得低于 11 年。

2.7.2 报价策略与技巧

鉴定评估的目的不同，评估后的报价策略和技巧也不同。

如果鉴定评估机构（尤其是司法鉴定机构）和人员是不参与被鉴定评估车辆买卖的第三方，则不仅需要就某个时点的车辆价值做出评判，还需要出具正式、负法律责任的、具有法定效力的"鉴定评估报告书"，供二手车交易的买卖双方参考，或为消费者协会、仲裁、公安、法院等机构采信，作为解决交易纠纷、经济仲裁，甚至量刑的参考依据。这种价格评判相对公正、公平，不会受到很大挑战。

如果鉴定评估的目的是采购/购买或置换（置换也要对二手车作价）二手车，则难免有"既当运动员又当裁判员"之嫌，报价需要一定的策略和技巧，既要赢得客户信任、消除客户疑虑，又要规避业务风险、保证一定利润。这时，就必须考虑客户处置二手车的意愿、周期和紧急程度。以下列举了以采购/购买或置换二手车为目的的报价策略。

1. 报实价

如果客户处置车辆的意愿很强且要价合理（随车带来登记证书、行驶证等关键证照），不论其是否去过别处评估，也不论别处的报价情况如何，都可以参考既往成交数据，向其报一个比较有竞争力且有适当利润的"收购价"，即"实价"，这是二手车业务使用最多、以成交为目的的报价策略。

不论报价多少，大多数情况下都会迎来客户的异议或抗拒，此时必须阐明自己报价的合理性，以赢得客户信任。如果客户说别处报价更高，或某互联网平台估价更高，则要尝试向客户解释报价的"陷阱"，用真诚来打动客户（参见实战链接：个别互联网二手车交易平台的"陷阱"）。

哪怕最终没能成交，也要尽可能确保"买卖不成仁义在"，为可能的客户回店商谈留下"活扣"。需要指出的是，报实价的策略很可能"为他人做嫁衣"，意即客户可能拿你的报价找别处再询价，因此采用此策略时必须谨慎。

2. 报区间价

报区间价即"模糊报价"。其实"报实价"也可以是报区间价，只不过区间很窄，而模糊报价的区间比"报实价"要宽泛一些。如果客户处置车辆的意愿不强，或意向处置时间在一段时间后，或要价较高且商谈空间不大，或自己采购意愿不强，则可以采用报区间价的策略，等客户回店时再报实价。注意报区间价的目的也是促进成交。

3. 报高价

选择报价策略有时还必须权衡业务重点，综合考虑整体利益。比如品牌汽车经销商为了处理超长库龄的新车，或新

第 2 章 二手车鉴定评估：洞若观火，明察秋毫

车销售压力很大，则必须适当报高价，哪怕预估可能不赚钱甚至亏损，也要争取达成置换业务，支持新车销售；再如品牌汽车经销商二手车部门的本品牌车辆库存很低甚至没有，或已有客户求购 / 预定二手车（不论是否本品牌），哪怕预估可能不赚钱，也可以适当报高价（尤其是可以作为认证二手车销售的车辆），争取在未来零售时通过金融和保险等衍生业务来弥补。

如果客户处置车辆的意愿很低甚至原本就不打算处置仅仅是为了询价，或意向处置时间在几个月后，或要价很高且没有商谈空间，可以报一个很高的价，给竞争对手设置保价障碍。待客户未来回店，真想处置车辆时，再以"时过境迁"为由报低价，争取成交。

4. 报低价

如果客户处置车辆的意愿很强，而且很着急，比如打算出国 / 离开所在城市，或融资 / 偿还债务，或车辆存在火烧、泡水、事故等情况，则可以报低价，以求更高的利润。

5. 不报价

如果客户预期价位畸高，出于既要打压客户"心气儿"，又不得罪客户的目的，可以选择不报价，待客户在别处询价受挫回店后再报价。

买卖二手车应该知道的"10 个一"

二手车具有"非标准商品属性"，不管买进还是卖出，同一辆车由不同的人、在不同的销售渠道、在不同的时间点处置，价格可能有很大差异，这属于正常情况。

1. 一车一况

就像世界上没有两片完全相同的树叶一样，即使是同一厂家生产、同一批次下线、同一时间办理注册登记的同款车辆，因使用人的驾驶习惯、行驶路况、

载荷状况、车身颜色、维护状况等不同，哪怕是在同一天处置/出售/购买，车况也可能大相径庭。

2. 一车一价

正因为没有两辆状况完全一致的二手车，所以同款二手车的价格可能有很大差异。此外，与新车不同的是，二手车没有所谓的厂家市场指导价（汽车制造商的官方认证二手车也如是），其销售价格完全由经销商来确定。

3. 一时一价

一辆汽车，随着时间的推移，其现实市场价值大多会逐渐走低（极少有随时间推移溢价的情形出现）。二手车的市场行情虽然不会像股票一样变化，但10天左右也会有一定的波动。此外，二手车的价格不是实打实计算出来的，而是参考新车价格，根据二手车市场行情、供求关系、同款车或近似车款历史成交价格估计出来的。

4. 一人一价

一辆二手车，不同的商家买进，出价可能有很大差异，这取决于商家的库存满足度、对利润的预期、销售周期（即库存时间）、资金获得渠道和成本等。此外，线下交易通常没有线上交易报价高，但相对可靠，而有些线上商家会以"高价收购"为诱饵玩套路，常会设置数额不小的尾款且付款周期很长，或根本不付款。

5. 一地一价

一辆二手车，在不同的地区买进/销售，价格可能有很大差异，而大多数二手车经销商正是利用地区间的价格差异来获利的。

第 2 章　二手车鉴定评估：洞若观火，明察秋毫

2.8　再次鉴定评估

2.8.1　必要性

针对同一辆二手车，当客户再次来店寻求置换/交易时，必须再次进行静态和动态鉴定后再估价/报价，以切实规避业务风险，同时对上次报价做出必要的修正，争取置换/交易达成。

GB/T 30323—2013《二手车鉴定评估技术规范》简介及应用

1. 简介

为规范二手车鉴定评估行为，营造公平、公正的二手车消费环境，保护消费者合法权益，促进二手车业务健康发展，中国汽车流通协会受商务部委托组织专家制定了推荐性国家标准 GB/T 30323—2013《二手车鉴定评估技术规范》（以下简称《规范》）。《规范》由原国家质量监督检验检疫总局、国家标准化委员会于 2013 年 12 月 31 日发布，2014 年 6 月 1 日起实施。

《规范》在制定过程中，参考了国外二手车鉴定评估有关法规与行业标准的主要思路与方法。作为我国批准发布的第一部有关二手车的技术标准，《规范》以二手车为一个完整的研究对象，以二手车的功能和性能要求为基础，以二手车的安全为前提，以二手车的鉴定评估为重点，服务于二手车交易和有关技术评定等环节。

2. 应用

《规范》是为在二手车交易领域内获得最佳秩序，针对与二手车鉴定和评

估相关的活动和结果需要协调统一的事项所制定的共同的、重复使用的技术依据和准则，是二手车鉴定评估机构和人员对二手车鉴定活动的基本技术参考依据。

二手车经销企业的鉴定评估部门和人员、二手车采购人员可以参照《规范》规定的二手车鉴定评估作业流程、方法、工具来鉴定车辆的技术状况，识别车辆是否依法可以交易；参照《规范》并结合自己的认知判定车辆是否有被盗抢骗、火烧、泡水、重大事故等情形，为准确对车辆估值找到技术依据；依据《规范》推荐的估值方法评估车辆现实价值，并给予客户出卖或处置建议以提升客户满意度；有效管控和规避作业风险。

2.8.2　作业要点

1. 再次审核机动车证明凭证

再次审核机动车所有证明、凭证，并与上次鉴定后留下的电子档案比对。审查有无变动、缺失，确认无瑕疵后再作价交易。

2. 再次查验车辆技术状况

不论再次鉴定与上次鉴定的时间间隔有多久，都要再次全面、细致地进行静态和动态鉴定，主要查验机电、钣喷、内饰状况有无变化，有多大变化；有无新损伤及损伤状况，损伤对车辆价值的影响程度。对于电动汽车，还要着重查验动力蓄电池包的封装装置有无变形、裂口、破损、漏液状况。如果需要整备/维修，则还要预估相应的时间和资金成本，并向客户说明。

第2章 二手车鉴定评估：洞若观火，明察秋毫

T/CADA 17—2021《二手纯电动乘用车鉴定评估技术规范》简介及应用

1. 简介

由于缺乏统一的鉴定评估标准，各二手车经销企业自说自话，造成了二手纯电动汽车市场风险高、保值率低的现实状况，严重制约了纯电动汽车的流通与市场发展。

为规范二手纯电动乘用车鉴定评估行为，营造公平、公正的二手纯电动乘用车消费环境，保护消费者的合法权益，促进二手纯电动乘用车市场健康稳步发展，受商务部委托，中国汽车流通协会多次组织二手纯电动乘用车领域的主机厂、电池制造商、汽车经销商集团、二手车业务有关企业、学术研究机构、数据研究机构等研讨，起草、制定了团体标准T/CADA 17—2021《二手纯电动乘用车鉴定评估技术规范》（以下简称《规范》），并于2021年5月8日向社会发布，供二手车行业有关机构和人员参考。《规范》的实施，使国内二手纯电动乘用车的鉴定评估第一次有了统一的语言、标准和依据。

2. 应用

与二手燃油乘用车不同的是，二手纯电动乘用车没有发动机、变速器，但多了动力蓄电池系统、驱动电机系统和电控系统。除了要对"三电系统"进行特别的技术鉴定外，其他总成、系统的鉴定与传统燃油二手乘用车没有区别，还是围绕机电性能及损伤、钣喷状况及损伤、内饰状况及损伤展开。在作价和报价环节，必须结合车辆的安全技术状况、动力蓄电池的荷电状态、充电便利性、满电状态续驶里程等综合评判，给出客户满意、自己风险可控的价格。

2.9 仪器设备鉴定

2.9.1 必要性

一般的静态和动态鉴定，只能对车辆的显性问题和损伤进行甄别判断，而对于发动机内部、电气设备的偶发性或隐性问题，是难以做出准确判断，更无法得出科学结论的。这时就必须使用专业仪器设备，例如故障诊断仪、大梁校正仪、四轮定位仪、废气分析仪、蓄电池检测仪等。图 2-39 所示为部分二手车鉴定仪器设备。

图 2-39 二手车鉴定仪器设备示意
a）故障诊断仪　b）废气分析仪　c）四轮定位仪　d）大梁校正仪

2.9.2 作业内容

1. 发动机

发现发动机存在排气异常（冒黑烟/蓝烟等）、异响、动力明显不足等问题时，除了检查机油油位和质量、冷却液液位和冰点、高压点火线圈插接状况外，还要请专业汽车维修技术人员使用故障诊断仪、废气分析仪等仪器设备，查询故障码，确定故障部位，分析故障原因，再视情况维修。

2. 电气设备

发现仪表故障指示灯点亮/出现故障指示图标后，如果关闭/重起发动机，或断电/通电不能使故障指示灯熄灭/故障指示图标消失，则要请专业汽车维修技术人员使用故障诊断仪等仪器设备，查询故障码，确定故障部位，分析故障原因，再视情况维修。

3. 行驶系统

发现一条或多条轮胎出现严重偏磨等非正常磨损情况时，要请专业汽车维修技术人员使用大梁校正仪、四轮定位仪等仪器设备，对车辆行驶系统进行检测，确定故障部位，分析故障原因，再视情况维修。

4. 其他鉴定作业

发现电动汽车存在充电困难、充电时间过长、续驶里程明显缩短等问题时，要请专业汽车维修技术人员使用蓄电池检测仪等仪器设备，对动力蓄电池系统进行检测（电压、电流、内阻等），分析故障原因，再视情况维修。

第 3 章

二手车采购建库
千乘万骑
琳琅满目

3.1 采购建库必修课

3.2 置换

3.3 在用车开发

3.4 以旧换旧

3.5 外部采购

3.6 寄售/代售

3.7 意向达成后与成交后事项确认

本章导读

没有车源就没有销售，鉴定评估和采购解决了二手车业务的车源问题。除了专门的、第三方二手车鉴定评估机构外，对于二手车经销企业，在对车辆实施"客观、独立、公正、全面、科学、专业、准确"的鉴定评估作业后，需要尽可能促成采购和交易，以获取可供销售的车源和必要的经营利润。

本章将介绍二手车采购建库的业务要点和相关操作技巧，主要包括采购业务规划、采购业务营销，以及置换采购、在用车开发采购、单独采购、外部采购、以旧换旧采购、寄售/代售等采购建库渠道。

3.1 采购建库必修课

3.1.1 概述

对于车辆采购建库,企业必须根据自身经营战略、利润预期、销售策略、资金储备、仓储能力和现有库存或库存深度、库存/历史销售结构、销售能力、拟采购车辆的整备成本、销售周期预期,并结合年度和月度销量目标及前期实际结果组织实施。

此外,还必须区分营运车辆、新能源车辆、传统燃油车辆、价格区间结构,以及品牌汽车经销商二手车部门的本品牌车辆、他品牌车辆、认证和非认证车辆等实际车辆类别。

对于品牌汽车经销商二手车部门,必须区分销售部置换采购管理、售后服务部在用车开发采购管理,以及外部采购(包含汽车制造商的各种车源)和寄售/代售业务管理(寄售/代售车源只能作为补充,基本可以忽略不计),必须规划置换采购、在用车采购和外部采购的占比。外部采购一定是在内部置换和在用车开发车源均不能满足销售需要时再组织实施的,在置换采购和在用车开发采购工作没有做足做好之前,没有必要盲目开展外部采购。

二手车经销企业一定要明确规划主营业务,例如主要经营营运车业务还是非营运车业务,是主要经营传统燃油车业务还是新能源车业务,是主要经营中低端车业务还是高端车甚至豪华车业务,是主要经营非事故车还是事故车业务。因为主营业务不同,业务风险、经营战略和策略、采购管理理念、利润预期都截然不同,需要根据自身的实际情况组织采购建库。

采购业务规划

二手车采购业务规划要点如下。

1)根据企业资金储备、年度和月度销量目标,参考历史车均采购价格,规划年度和月度采购量目标。

2）根据经营车辆类别/价格档次[营运/非营运、低中高档、本品牌/他品牌（品牌汽车经销商二手车部门）、认证/非认证（品牌汽车经销商二手车部门）]、销售能力、历史销售车辆结构、历史和预估库存周期，以及采取批发（含拍卖）或零售方式，规划采购车辆结构、利润预期、库存深度和库存周期。

3）根据预估毛利率、资金成本、整备周期和成本、潜客线索等，规划指导车辆采购价格。

对于品牌汽车经销商二手车部门，还必须规划、监管以下指标或事项。

1）销售部/售后服务部员工的二手车业务开口率（指标建议设定在95%以上）及监督机制；评估量（分为置换评估量、在用车评估量、外部采购评估量，指标要分解到新车销售顾问、服务顾问和鉴定评估人员）。

2）置换率/本品牌置换率（指标要分解到新车销售部门和新车销售顾问），根据城市规模和是否有限购/限牌政策，置换率指标建议设定在20%以上，例如针对北京等限购限牌的一线城市，有些品牌店可设定到50%或以上；本品牌置换率目前还没有足够的数据支撑和验证，需要进一步观察和总结。

3）鉴定评估人员的评估成交率（=周期评估后采购订单量/当期鉴定评估总量），指标建议设定为20%~40%。

4）采购量，分为包含本品牌置换量在内的置换采购量、本品牌采购量、认证车采购量、包含认证车在内的在用车采购量、外部车采购量。

规划总采购量时，必须规划置换采购量（含以旧换旧）、

第3章 二手车采购建库：千乘万骑，琳琅满目

在用车开发采购量、外部车采购量的数量占比，指标建议分别设定为50%左右、15%左右、35%左右。

5）在用车开发转化率（＝年度采购量/特定车龄的年度未流失在用车总数），针对车龄在两年以上、尚在所在店维修保养的在用车（即售后服务部门所称的未流失在用车），指标建议设定在6‰～10‰。

3.1.2 采购建库营销

身处营销信息"满天飞"的时代，不仅二手车销售要全员营销，二手车采购建库更需要全方位的高效营销（因为没有采购就没有销售）。否则，一方面，有出售或转让二手车意愿的客户很难从"茫茫商海"里找到我们；另一方面，也不可能守株待兔地等客户自己上门来帮助我们获得理想车源。

企业必须根据销售现状、库存缺口、客户求购信息及其分类占比、客户定金状况，有针对性、有选择性地发布特定车辆的求购信息。对于库存少、客户选购概率大且销售周期短的车型、本品牌车型（针对品牌汽车经销商）、车龄短/里程少的车型，要高频率发布、增加曝光率，且以高价吸引。此外，发布的求购车辆信息必须匹配后期零售业务需要，同时关联衍生业务销售规划。

1. 线上采购建库营销

要定期在二手车之家、易车、懂车帝、58同城、淘车网等媒体平台，汽车制造商主导的二手车业务营销平台，企业自主网站以及员工微信/企业微信公众号、微博、抖音、闲鱼等账号上，发布/更新二手车业务信息，尤其是各种车源的求购/代购信息，以获取车源线索。二手车业务信息必须包含企业的地址、主营业务、行业荣誉、联系人、联系电话、微信号、抖音号等。

线上营销要全面介绍企业的采购业务优势，包括但不限于规范化经营情况、在本地的行业影响力、专业的鉴定评估人员、合理的报价、便捷的付款方式和快捷的转移登记手续代办服务等。

有线上车源线索出现时，建议在60min内管理、跟踪线索（因为有很多人

在同时抢车源），及时与客户取得联系，必要时尽早安排人员上门鉴定评估/采购。

2. 线下采购建库营销

为避免接触客户的员工没有及时、全面、准确地向客户传达企业二手车采购业务信息，必须开展线下采购建库业务营销，并制作相应物料，让营销物料"自己说话"。

线下采购建库营销主要是在经营活动场所布置营销物料，尤其是有关鉴定评估/采购业务的营销物料，包括但不限于X形展架、车贴、地贴、墙贴、桌贴（牌）、纸巾盒、刀旗、吊旗、荣誉墙等。

营销物料里建议植入主营业务、行业荣誉、高价求购车型、免费专业鉴定评估、微信公众号/微信号/抖音号二维码等信息，确保不同客户能快速匹配需求并便捷联系企业。

营销物料建议布置在客户必到/必经的场所/路径，例如销售展厅、展车、交车间、客户休息区（含客户影视间）、客户用餐区、客户洗手间、维修接待台等。

对于在企业公共区域提供免费Wi-Fi的服务，建议不采用简单的"密码登陆"方式，而采用"扫描二维码登录"方式，让客户被动接收二手车业务信息。具体操作方法及流程：制作二手车业务信息二维码→客户用手机扫描二维码→获取验证码→输入验证码登陆Wi-Fi。

经营场所线下采购建库营销物料布置见图3-1。图3-1a为办公桌/洽谈桌立牌（植入了包含鉴定评估、采购业务、销售业务等在内的二维码），图3-1b为客户必经路径的地贴，图3-1c为新车内后视镜上的营销物料（"？"形双面有信息露出的黑色字、浅色底挂件）。

第 3 章　二手车采购建库：千乘万骑，琳琅满目

a) 接待桌上的营销立牌　　　b) 客户必经场所的营销地贴　　　c) 车内后视镜上的营销挂件

图 3-1　营销物料布置示意

3. 新媒体采购建库营销

二手车经销企业、品牌汽车经销商二手车部门要建立全员新媒体营销机制，完善移动 App 业务信息露出和求购信息发布制度。要充分利用微信、快手、抖音、小红书、闲鱼等移动 App 征集采购线索。

全员新媒体营销要有适当的激励和监督机制，对于不按要求执行的员工，要有一定的负激励措施。发布新媒体营销信息前，营销团队或有关人员必须根据企业的现实需求编辑文案、图片等，然后发二手车业务总监/经理/主管审核，最后请全员发布。图 3-2 所示为某宝马 4S 店二手车部门制作、全员转发的求购信息。

图 3-2　某宝马 4S 店二手车部门制作、全员转发的求购信息

> **实战点睛**
>
> **营业场所包装与首席业务专家形象展示**

二手车经销企业要在营业场所安排适当的形象营销布置，突出专业形象、专业服务、专业表达。

就像医院的挂号处/诊疗室外墙通常有介绍医生职称/职级、主治方向、工作成就的业务宣传挂牌一样，二手车经销企业的经营场所也要有展现鉴定评估人员、整备技师、二手车销售顾问专业形象和业务技能的物料，以提升客户的信任度，获取更多业务机会。尤其要注重"荣誉呈现+形象塑造"，突出介绍获得过各类大赛奖项、业绩名列前茅的员工，给他们赋予"首席二手车鉴定评估师""二手车销售大师""二手车整备大师"等荣誉称谓，在吸引客户关注的同时，也能对其他员工起到激励作用。图3-3所示为4S店二手车部门制作的二手车鉴定评估专家介绍物料。

图3-3 4S店二手车部门制作的二手车鉴定评估专家介绍物料

3.1.3 采购建库关键绩效指标设置

设置采购建库关键绩效指标必须依据企业历史经营数据，参考同行优秀企业的绩效达成结果。

第3章 二手车采购建库：千乘万骑，琳琅满目

1. 通用绩效指标

1）评估量。考核周期内的评估量是采购量的基础，必须认识到"没有评估就没有采购"，有足够的评估量，才能保证有足够的采购量。

2）评估成交率。评估成交率体现了鉴定评估的质量和成效，如果评估成交率过低，则表明鉴定评估质量/成效差，流于形式，达不到促成采购的目的。

3）采购量。采购量作为核心绩效指标，既与企业的资金实力/支付能力、评估量/评估成交率关联，也与企业的销售目标、利润目标和销售能力关联，具有足够的采购量，才可能达成销售业务目标，让销售业务不会陷入"巧妇难为无米之炊"的尴尬境地。

4）车均采购成本。车均采购成本既与后期的车均销售价格关联（车均采购成本越高，销售毛利率可能越低），也与年度采购资金规划/预算关联（车均采购成本越高，需要储备的资金额度越大）。

2. 品牌汽车经销商特有绩效指标

1）业务开口率。新车销售部的二手车业务开口率（可通过客服部门对到店购车客户的电话回访统计检核）=周期内被新车销售顾问推荐企业二手车业务的客户数/当期到达店端的购车客户总数，建议设定任务指标≥95%；对于业务开口率低于90%的新车销售顾问，二手车团队关键人员（例如二手车总监/经理、鉴定评估主管或采购主管）要组织专门的沟通辅导，甚至培训演练；售后服务部的二手车业务开口率（可通过客服部门对到店维修客户的电话回访统计检核）=周期内被服务顾问推荐企业二手车业务的客户数/当期到达店端的维修客户总数，建议设定任务指标≥95%；与新车销售顾问一样，对于业务开口率低于90%的服务顾问，二手车团队关键人员要组织专门的沟通辅导，甚至培训演练。

2）置换率。置换率=周期内企业以旧换新的二手车采购订单量/企业当期的新车订单量（有些企业定义为：置换率=周期内企业以旧换新的二手车采购量/企业当期的新车销售量）。置换率指标的设定必须考虑企业所处地区的宏

观经济政策环境，包括是否限购/限牌、地区人均收入水平、地区汽车消费习惯和意愿等。一般而言，限购/限牌城市、一二线/经济发达的城市/地区、人均收入较高的城市/地区的汽车消费者选择置换购车的比例较高，相应地，置换率指标就可以设定得高一些。

3）本品牌置换率。本品牌置换率＝周期内企业以旧换新的本品牌二手车采购订单量/企业当期的新车订单量，或者周期内企业以旧换新的本品牌二手车采购量/企业当期的新车销售量。本品牌置换率反映了本品牌汽车消费者的"品牌迁出"程度，以及对本品牌的忠诚度。本品牌置换率当然是越高越好，这需要本品牌汽车制造商、经销商通过提高产品力、提高服务水平、提供优质商务政策等措施来共同维护。

4）置换评估量。置换评估量越高，表明处置二手车并采购新车的客户数量占比越大，对于新车销售和二手车采购都大有裨益。通常而言，新车销售部门的置换评估量和评估成交率是高于售后服务部门的在用车评估量和评估成交率的，二手车部门必须高度重视。

5）在用车评估量。这里的在用车特指过去一年内尚在本店维修的客户车辆。在用车评估量越大，本品牌二手车采购量就越大，对本品牌二手车销售是强大的车源支持。如果能评估大量的特定车龄的在用车（例如2~5年），则对认证二手车的采购和销售会有很大帮助。

6）外部评估量和采购量。如果置换和在用车开发的采购量不足以支撑二手车销售目标，或全员营销的效果很好，则品牌汽车经销商二手车部门也会经常开展外部评估和采购业务。这类采购一定是以本品牌车辆为主，以达成本品牌车辆尤其是本品牌认证车辆的销售目标为目的。同时，出价可以稍高，以屏蔽其他潜在的采购人。

7）本品牌置换量。本品牌（含本品牌车辆的以旧换旧）置换量大，表明本品牌客户忠诚度高。

8）本品牌采购量。保证一定的本品牌采购量，既能完成制造商给经销商制订的任务目标，也能增加销量，还能扩充零售车辆销售份额，从而促进二手车按揭、保险等衍生业务销售，提升二手车业务综合盈利能力。本品牌采购量包含本品牌置换采购量、在用车开发的本品牌置换采购量、在用车开发的本品牌单一采购量，以及外部本品牌采购量。一般而言，当店内资源已经挖掘到极限，仍不能满足本品牌二手车销售需求时，就必须加大外部采购力度。

9）本品牌车均采购成本。本品牌车均采购成本既与后期车均销售价格有关，也与年度采购资金规划/预算有关。

10）认证二手车采购量。认证二手车的经营利润较高，因此多数品牌汽车经销商都很重视认证二手车的采购。由于从新车销售部通过置换方式采购的认证二手车占比很小，企业可通过适当的激励政策加大在用车中的认证二手车采购力度。采购认证二手车必须关联后端销售，考虑到销售衍生业务还能获利，认证二手车的采购价格可以稍高，以增强竞争力，屏蔽其他潜在的采购人。

11）在用车采购量。开展在用车采购的核心目的是提升本品牌采购量和销售量。通过置换方式（即使是同品牌的以旧换旧）大量采购本品牌在用车，既能助力达成部门的任务目标，也能促进新车销售，还能为售后服务部门赢取保客量（再零售给本地客户后，车辆大概率会回店维保），可谓"一箭三雕"。

12）在用车开发转化率。在用车开发转化率＝周期采购量/当期未流失在用车总量。企业可通过管控业务开口率、促进服务顾问与二手车鉴定评估人员配合、制订售后服务部门相关人员激励机制/考核指标、宣传在用车开发价值来提升在用车评估量和在用车开发转化率。必须设定在用车开发的车龄区间，例如2~6年车龄的在用车是需要重点关注的资源。成功采购这类车辆后，优先做认证车销售，条件不允许再做一般零售或批发。

3.2 置换

3.2.1 置换目标设置、考核及监控

对于品牌汽车经销商新车销售部门、二手车部门的一线员工，必须设置适当的置换目标，并定时考核、持续监督，才能保证企业整体的置换业务质量。

置换目标包括但不限于：评估量、评估率、评估成交率、置换率、置换量、本品牌/认证二手车置换量等，见表3-1。

表3-1 新车销售部销售顾问置换业务月度数据

置换业务指标	销售顾问							合计
	顾问A	顾问B	顾问C	顾问D	顾问E	顾问F	顾问G	
当日接待量								
当日评估量								
当日置换订单量								
当日本品牌二手车置换订单量								
当日认证二手车置换订单量								
当月接待量								
当月评估量								
当月置换订单量								
当月新车订单量								
当月本品牌二手车置换订单量								
当月认证二手车置换订单量								
当月评估率								
当月评估成交率								
当月置换率								

第 3 章 二手车采购建库：千乘万骑，琳琅满目

对于不能按月完成置换任务量的新车销售顾问或二手车鉴定评估人员，可以调整考核周期，例如调整为双月考核。对于调整后仍然不能完成任务量的，需要给予适当的负激励。对于当月业绩排位处于最后 20% 或最后 2~3 名的员工，要分析原因、实施精准辅导，分析是企业管控问题，还是员工业务技能或思想情绪问题，抑或是部门配合问题，并及时优化管理机制、组织业务培训或协调部门合作。

某品牌汽车经销商为管控置换业务制订了如下措施：凡无置换的新车订单，订车、交车前展厅经理 100% 二次跟进商谈，总经理签字才能订车；开口率 100%、评估率 50% 以上，订单评估率必须达到 100%。图 3-4 所示为该经销商 2022 年与 2021 年的销售部置换率对比，可见在 2022 年措施落地后，置换率相比 2021 年有明显提升。需要注意的是，置换率必须分解到每位新车销售顾问来分析和管控。

图 3-4　某品牌汽车经销商 2022 年与 2021 年的销售部置换率对比

图 3-5 所示为某品牌汽车经销商新车销售顾问二手车评估率月度数据，可轻易发现评估率排名前三和后三的顾问。

3.2.2　置换业务流程

品牌汽车经销商置换业务流程见图 3-6。

二手车盈利宝典

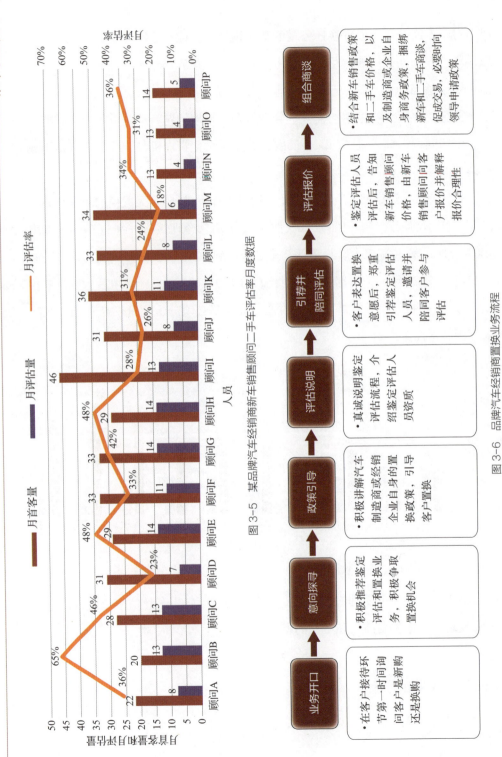

图3-5 某品牌汽车经销商新车销售顾问二手车评估率月度数据

图3-6 品牌汽车经销商置换业务流程

3.2.3　置换业务协调

要做好置换业务，就需要建立新车销售部门与二手车部门的业务协调机制，二手车总监/经理是负责人，负责协调置换业务相关事宜，组织召开业务会议，宣贯制造商和企业的置换政策和激励/绩效机制，实施员工培训和业务能力提升计划。

二手车总监/经理要每周参加新车销售部门的业务例会，分析置换业务数据和人员效能，鼓励先进、鞭策落后，分享案例、兑现激励。二手车鉴定评估人员要每日参加新车销售部门的早会或晚会，回顾前一天/当天的评估/置换数据，对于当日/次日的评估业务，要请新车销售顾问预估并检核。

同时，二手车部门要利用周会/早会/晚会对部门的置换评估、开发业务数据等进行分析、对标、总结，对于问题和差距，要及时查找原因、制订解决方案。

3.3　在用车开发

3.3.1　组建专项业务领导小组

组织建设是业务成功的根本保障。要做好在用车开发业务，首先，要组建"在用车开发领导小组"，领导小组成员应包括总经理、二手车/服务/客服/市场总监/经理、服务主管、二手车采购/评估主管、服务顾问、二手车鉴定评估人员。总经理为组长，是在用车开发业务的总负责人。二手车总监/经理为秘书长，是在用车开发业务的总协调人，提议并召集有关人员召开专项业务会议，安排信息员组建在用车开发业务微信沟通群并每日汇总、分享相关数据和成效。

其次，要确定业务指标并检核。对于售后服务部门的服务顾问，必须设定业务开口率、评估量、在用车开发转化率、采购量（含认证二手车采购量）等业务目标，并匹配合理的激励/绩效机制；对于二手车鉴定评估人员，也要设定评估量、评估成交率、采购量（含认证二手车采购量）等业务目标和相应激励/绩效机制，见表3-2。

表3-2 服务顾问在用车开发月度数据

在用车开发业务指标	服务顾问								合计
	顾问A	顾问B	顾问C	顾问D	顾问E	顾问F	顾问G	顾问H	
当日接待量									
当日评估量									
当日有效评估量									
当月接待量									
当月评估量									
当月有效评估量									
当月评估率									
当月有效评估率									
当月采购量									
当月评估量缺口									

某品牌汽车经销商组建的在用车开发业务微信沟通群及其沟通内容，见图3-7。

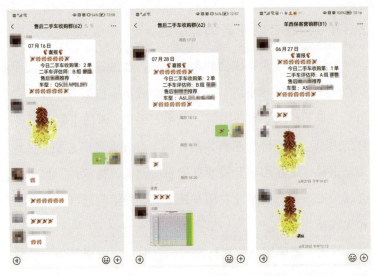

图3-7 某品牌汽车经销商组建的在用车开发业务微信沟通群及其沟通内容

第 3 章 二手车采购建库：千乘万骑，琳琅满目

3.3.2 分车龄精准开发

对于车龄＜5 年的车辆，成功采购后不仅能增加本品牌采购量，还能作为认证二手车零售；对于车龄≥5 年的车辆，至少能助力完成本品牌二手车采购任务，其中一部分还可零售。

对于零售车辆，不论是否能作为认证二手车销售，即使采购价较高，如果辅以保险、按揭、精品等衍生业务，仍有可能获取一定的经营利润。

3.3.3 完善例会制度

二手车总监/经理要每周参加服务部的业务会议，分析在用车开发业务数据和人员效能，鼓励先进、鞭策落后，分享案例、兑现激励。二手车鉴定评估人员要每日参加售后服务部的早会或晚会，回顾前一天/当天的评估/采购数据，对于当日/次日的评估业务，要请服务顾问预估并检核。

同时，二手车部门要利用周会/早会/晚会对部门的在用车评估、开发业务数据等进行分析、对标、总结，对于问题和差距，要及时查找原因、制订解决方案。

在用车开发的"十全大补"

一补：组建总经理挂帅的项目领导小组。

二补：规划未流失客户车辆的评估率（接待量的5%～8%）和采购量目标（未流失客户车量的7‰～10‰）并分解考核。

三补：工具优化、车辆筛选（2年以上的）、业绩统计。优化售后服务部"维修施工单"：在适当位置增加"免费评估爱车价格，避免交易损失！"提示字样，获取评估机会；筛选2年以上未流失客户的车辆进行有目的的鉴定评估；

按服务顾问和团队统计、分析评估量、采购量等业绩数据。

四补：制订商务促销政策、员工激励/绩效机制。调动客户和员工的积极性。

五补：帮助服务顾问、二手车鉴定评估人员、二手车销售顾问建立信心。分享其他品牌、门店优秀案例，提振员工的信心和士气。

六补：提供必要的培训和辅导。就在用车开发的流程、话术、技巧、商务政策，不定期组织培训、讨论、演练；对业绩排名后20%或最后2～3名的服务顾问进行特别辅导和业务支持。

七补：实施协同配合和服务顾问主导报价的机制。在用车开发必须发扬团队精神，服务顾问和二手车鉴定评估人员必须密切配合，在客户面前"唱戏"，用"真诚＋技巧"缓解客户抵触情绪，赢得客户信任，降低客户心理预期价位；鉴定评估后由服务顾问向客户报价，避免客户对鉴定评估人员产生抵触情绪。

八补：实施离店客户的业务开口/评估推荐回访监控并分析数据。由客服部门实施客户修竣离店后的电话回访，询问客户"表达评估或处置车辆意愿时，服务顾问是否第一时间推荐评估业务并引荐鉴定评估人员？""当身边亲朋有处置车辆意愿时，您是否愿意推荐本店？"

九补：参与售后/客户关怀活动。二手车部门要委派鉴定评估人员参加2年以上车龄车辆的修竣交车、客服部门组织的爱车讲堂/自驾游/续保促销等活动，讲解爱车保值方法，为未来的业务做铺垫。

十补：布置/更新营销物料。在营业场所客户必到/必经的区域布置在用车开发营销物料并及时更新，见图3-8。

第3章 二手车采购建库：千乘万骑，琳琅满目

图3-8 在用车开发营销物料布置示意

3.4 以旧换旧

以旧换旧业务在二手车经销企业、品牌汽车经销商二手车部门都会发生。一般而言，以旧换旧是"用低价值/低端车型"置换"高价值/高端车型"，也有少数低调务实的客户会逆向操作。以旧换旧业务帮助企业在一位客户身上同步完成了一辆二手车的采购和另一辆二手车的销售，两辆车只需分别核算车价，再找补差价即可，相比单纯外部采购效率更高，企业务必高度重视。

以旧换旧业务与置换和在用车开发业务一样，需要积极开展线上/新媒体和线下营销。在客户第一次采购二手车时，除请求其转介绍外，还可在交车仪式上宣传高价回购政策，做出高价回购承诺（详见第4章相关内容），给客户留下深刻印象，为回购埋下伏笔。

3.5 外部采购

对于二手车经销企业，外部采购是主要的车源渠道（还有少量以旧换旧和老客户转介绍车源）。以下专门探讨品牌汽车经销商二手车部门的外部采购。

对于销量目标较高或"旧新比"较高的品牌汽车经销商二手车部门，建议将外部采购比例设定在35%～50%，本品牌采购量要占外部采购量的90%以上。

为获取外部采购信息、提升外部采购量，建议企业除了在经营场所内设置高价采购/收购本品牌二手车的营销物料外，还要有选择地在本地区的汽车大卖场、二手车交易市场、车管所、车辆年检机构、高铁/火车站、汽车站、地铁站、停车场、购物中心、影剧院、交通要道/交叉口等处设置相关营销物料，如广告牌等。

对于线上渠道，应选择在二手车之家、易车、懂车帝、淘车、58同城等垂直媒体平台发布求购信息，或通过企业的微信公众号、微信号，以及抖音、快手、闲鱼、小红书、简书等媒体账号发布求购信息。此外，企业的官方网站（如有）也要固定设置求购信息浏览页。

企业还应制订适当的转介绍商务促销政策，并将业务转介绍贯穿在采购、销售等所有环节，以获得更多采购机会。

> **实战点睛**
>
> ## 12大二手车采购渠道
>
> ### 1. 本/外地二手车企业/个体经营者本品牌车源
>
> 本/外地二手车企业/个体经营者的本品牌二手车，只要达到零售标准且有利可图，就可以采购后再销售。如果达到制造商的认证标准，则整备后作为认证二手车销售。需要注意的是，无论以什么形式销售，都要制订衍生业务（按揭、保险等）目标及其渗透率，从而获取更多增值利润。

第 3 章　二手车采购建库：千乘万骑，琳琅满目

2. 本集团公司其他品牌门店本品牌车源

如果本集团公司还经销其他汽车品牌，则可以采购这些品牌门店置换得来的本品牌二手车。从销售的角度看，本品牌门店销售本品牌二手车也更具优势，对集团公司的整体运营是有益的。

3. 其他集团公司／独立门店本品牌车源

其他集团公司／独立门店置换得来的本品牌二手车，只要达到零售标准且有利可图，就可以采购后再销售。

4. 新车销售／售后服务部大客户本品牌车源

新车销售／售后服务部的大客户，例如国家机关、企事业单位，有大量在用本品牌车辆，要积极主动开拓这类车源。

5. 汽车租赁公司的本品牌车源

一些汽车租赁公司会频繁淘汰年限／里程并不多的车辆，要聚焦本品牌车辆，积极主动开拓这类车源。需要注意的是，这类车源的使用性质极有可能是"营运"，报价上要谨慎。

6. 本品牌制造商拍卖车源

几乎所有汽车制造商都会有领导用车、媒体试驾车、特定人员体验车等，这些车辆会定期淘汰。有些制造商会通过组织内部拍卖活动来处置这些车辆，要积极主动参与。

7. 外事机构、合资／外资企业本品牌车源

外事机构（外国政府驻华使领馆、领事代办机构、政府派出机构、联合国及其有关组织等）、合资和外资企业，大多会给一些高级雇员配备专车，且更新频率较高，要聚焦本品牌车辆，积极主动开拓这类车源。

8. 汽车后市场服务企业推荐的本品牌车源

汽车后市场服务企业，包括维修店、美容店等，都掌握大量的在用车信息，

可以通过支付一定佣金的方式，与这些企业或其员工建立长期合作关系，共享信息，甚至在其经营场所设置营销物料。

9. 司法机构委托拍卖的本品牌车源

对于司法机构委托拍卖公司组织的汽车拍卖活动，要聚焦本品牌车辆积极主动参与。

10. 拍卖/典当公司的本品牌车源

拍卖/典当公司，例如联盟拍、小柠拍、天天拍车等专业汽车拍卖公司，经常会通过线上/线下平台组织汽车拍卖活动，要聚焦本品牌车辆积极主动参与。

11. 互联网信息/社交/交易平台本品牌车源

在二手车之家、易车、58同城、淘车、懂车帝、抖音、闲鱼等互联网信息/社交/交易平台上，存在海量私人客户和友商的售车信息，要聚焦本品牌车辆，持续关注、主动联络。

12. 社会融资机构/企业的本品牌车源

社会融资机构/企业出于主张权利、回笼资金的目的，会强制处置一些权利车辆，要聚焦本品牌车辆，积极主动参与相关处置活动。

3.6 寄售/代售

在单一采购环节，如果客户认为企业出价过低且车辆处置时间不急迫，就可以尝试引导客户采用寄售/代售方式，与客户签订寄售/代售协议，约定成功售出后，按固定金额或车辆成交价的一定比例收取佣金。在寄售/代售周期超过

第3章 二手车采购建库：千乘万骑，琳琅满目

一个月后，最好尝试说服客户降价，并重新签订寄售/代售协议。如果客户接受降价，企业也认为有利可图，则可以直接进入外部采购流程。

告知消费者二手车消费的九大误区

作为二手车经销企业，有必要引导消费者建立正确的汽车消费意识，这有利于塑造良好的企业形象，赢得消费者的信任。

误区之一：不进行合法性审查，下手轻率

购买二手车时，最重要的是对车辆进行唯一性和合法性审查，认真查验所有证件、凭证和票据，了解车辆是否可售、可用，避免上当受骗。登陆本地公安交管部门的网站，就能轻松查询车辆有无被盗抢骗历史和道路交通违法记录。

误区之二：轻信卖方表白，不估测实际累计行驶里程

如果车辆使用时间较长且车况较差，但表显累计行驶里程较少，就可能存在问题，要注意核查。一般而言，制动盘（鼓）每磨损1mm，车辆的实际累计行驶里程应有3万~5万km。

误区之三：只看外表，不重实质

现在的汽车改装/美容技术非常成熟，看车时不能只看"卖相"，因为靠改装/美容提升"卖相"，甚至用低劣材料将"低配"改装成"高配"的操作比比皆是，必须擦亮眼睛，重点关注车辆的安全技术状况。

误区之四：轻信路边店和散户，不去正规渠道

买卖二手车尽可能选择品牌汽车经销商二手车部门、正规二手车交易市场或有一定规模的二手车经销企业，不要轻信路边店和散户的高价承诺，否则很可能吃大亏。

误区之五：成交前不严格进行动态/静态检验

成交前一定要亲自或请专业人士/机构对车辆进行全面的静态和动态检验，

重点检测车辆的安全性、动力性、排放品质等，尤其要规避非法拼装车、火烧车、泡水车、盗抢骗车和大事故车。

误区之六：只管交易，不签合同/协议

成交时一定要当场签订交易合同/协议，明确双方责任义务和违约赔偿条件。

误区之七：成交后不办理转移登记手续

车辆成交后，一定要求并配合对方及时到公安车管部门办理转移登记手续，避免纠纷。办理转移登记手续需要的证照包括但不限于机动车登记证书、机动车行驶证、保险合同（或者"批改单"）和营运车辆的道路运输证。

误区之八：遇纠纷私了，不走司法程序

交易或办理转移登记手续时发生纠纷，不要以为"私了"是最优解，应当及时向市场主管部门投诉或走司法程序。

误区之九：迷信互联网大平台，不信任实体店

近年来，互联网二手车交易平台如日中天，广告铺天盖地，打着"上门免费鉴定""没有中间商赚差价""高价收车"等幌子吸引卖家，但真实交易过程处处"埋雷"，卖方甚至很难收回全部车款。因此，不能轻信所谓的"互联网大平台"，要线上线下"价"比三家，心里有数才能不吃亏上当。

3.7 意向达成后与成交后事项确认

3.7.1 意向达成后事项确认

车辆采购意向达成后，必须确认的事项包括但不限于：

第 3 章 二手车采购建库：千乘万骑，琳琅满目

再次与卖方确认车辆的合法性、唯一性，以及所有人或处分人/代理人的民事行为能力、责任权利；再次确认车辆安全技术状况、故障隐患、随车工具、文件资料、备胎附件等；掌握真实累计行驶里程。此外，还要确认办理车辆转移登记手续的主体和义务，以及双方需要配合的事项。

3.7.2 成交后事项确认与法律手续完善

成交后，必须及时签订采购/置换合同/协议，约定车辆交割的时间和地点，交割前后与车辆有关的民事和刑事责任，确认成交车辆的现时状况，约定办理转移登记手续相关事宜。在签订采购/置换合同/协议的基础上，再签订车辆状况确认书，切实避免法律纠纷，为未来再销售后可能出现的法律纠纷固定证据。

办理转移登记手续的时间，建议约定在车辆交割后的三个工作日内。双方最好互相提醒准备好办理转移登记手续需要的证件和凭证。转移登记手续可以由买方/采购方办理，也可以由原车辆所有人办理，还可以委托第三方（中介机构）办理，选择委托第三方办理时，买卖双方要提前约定费用由谁承担。

二手车买卖/置换合同示例

二手车□买卖/□车辆置换合同（在对应的"□"里用"√"标记）

编号：_____

甲方（出卖人）：_____，代理人：_____

代理人身份证明凭证名称/证件号码：_____/_____

乙方（买受人）：_____，代理人：_____

代理人身份证明凭证名称/证件号码：_____/_____

甲方身份证明凭证名称/证件号码：_____/_____

乙方身份证明凭证名称/证件号码：_____/_____

甲方住址：_____

乙方住址：_____

甲乙双方依据《中华人民共和国民法典》、公安部《机动车登记规定》等相关法律、行政法规、部门规章、政策制度，本着平等自愿、公平诚信、等价有偿的原则，经协商一致，就注册登记时间为_____年____月____日的、厂牌型号为_____的、VIN为□□□□□□□□□□□□□□□□□的、发动机号码为_____的、号牌号码为_____的二手车的□买卖/□置换（置换指"以旧换新"或"以旧换旧"，在对应的"□"里用"√"标记）事宜达成如下协议：

一、甲方或其代理人承诺并确认：甲方合法拥有该车及其相关证明、凭证的所有权或处分权，且没有第三人拥有该车及其相关证明、凭证的所有权或处分权；甲方在履行本合同义务期间没有向第三人同时出卖该车及其相关证明、凭证；该车及其相关证明、凭证依法可公开进行买卖和办理转移登记等业务；在全国无未处理的道路交通事故及交通肇事逃逸行为；该车无未经有关部门批准的改装作业。

乙方或其代理人认可甲方或其代理人所做的上述承诺和确认的事项，同时在本合同的附件（指《车辆状况确认书》，下同）上确认车辆的质量和其他状况等事项；由□甲方或其代理人/□乙方或其代理人（在对应的"□"里用"√"标记）确认该车能够办理转移登记的转入地范围；如果不能转入，乙方或其代理人承诺不退车且承担一切损失。

二、与该车有关的民事及刑事法律责任，以合同签字的时间点（精确到分钟）为界，签字之前的由甲方负责，签字之后的由乙方负责，但双方的下述特别约定除外：办理该车

第3章 二手车采购建库：千乘万骑，琳琅满目

的转移登记等业务期间由□甲方/□乙方（在对应的"□"里用"√"标记）自行负责或委托他人负责驾驶该车辆，负责保证期间该车辆驾驶/行驶的道路交通安全，并承担道路交通安全违法行为的法律责任。

三、该车出卖时若有与该车有关的未处理的全国范围内的道路交通安全违法行为的罚款或违法计分记录事项，由□甲方/□乙方（在对应的"□"里用"√"标记）负责在_____年____月____日前处理完毕；否则，会影响办理该车的转移登记等业务。

四、该车□成交/□置换（在对应的"□"里用"√"标记）价格为¥_____元（大写_____元整）；车辆及其证明/凭证、有关技术文件及随车工具等已于_____年____月____日在_____（地点）交接完毕。

五、价款支付方式约定：签订本合同时，乙方向甲方支付预付款¥_____元（大写_____元整），余款¥_____元（大写_____元整）在_____年____月____日前付清。

六、该车买卖后，应依照公安部《机动车登记规定》等相关法规及时到公安交管等部门办理转移登记等业务。办理转移登记等业务时，双方应当相互配合，均有义务协助对方并向对方提供己方及该车的相关证明、凭证（包括但不限于单位营业执照、其他组织的身份证明凭证、自然人身份证明凭证原件，或者加盖单位公章的营业执照、其他组织的身份证明凭证的复印件；该车合法、有效的机动车登记证书、机动车行驶证等证明、凭证原件）；否则，由此造成的损失由造成该损失的一方承担。

七、该车买卖后，由□甲方/□乙方（在对应的"□"里用"√"标记）负责在____年____月____日前办毕转移登记等业务（包括该车机动车登记证书、机动车行驶证、车辆保险合同/批改单等凭证的转档、更名或批改手续）及其相关税、费；否则，由此造成的损失，由□甲方/□乙方（在对应的"□"里用"√"标记）承担。

八、甲方以"以旧换新"方式购买的新车品牌型号为_____，

销售全价¥_____元；甲方以"以旧换旧"方式购买的二手车的 VIN 为☐☐☐☐☐☐☐☐☐☐☐☐☐☐☐☐☐，购买全价¥_____元；甲方出卖二手车的价款抵扣新车价款或者抵扣购买的二手车的价款；甲方以"以旧换新"方式购买新车或以"以旧换旧"方式购买二手车，都需另行签订合同。

九、争议解决：履行本合同的过程中出现争议，可经双方协商解决；协商不成的，任何一方都有权向_____人民法院提起诉讼。

十、出现违约情形或有未尽事宜，双方可以协商或另行签订补充合同约定。

十一、本合同及其附件（附件与合同具有同等法律效力）壹式贰份，甲乙双方各执壹份；本合同及其附件自双方签字并盖章（双方或一方为自然人时，签字并摁指印，为非自然人时盖章、同时代理人签字并摁指印）之时起生效；合同履行期限为自生效起至本合同标的二手车办毕转移登记等业务、双方办毕车辆交接等手续时止。

甲方（盖章）：
甲方或代理人签字并摁指印：
联系电话/邮编：　　　　　/
　　　年　月　日　时　分

乙方（盖章）：
乙方或代理人签字并摁指印：
联系电话/邮编：　　　　　/
　　　年　月　日　时　分

第 3 章 二手车采购建库：千乘万骑，琳琅满目

合同附件：车辆状况确认书

甲方（出卖人）：_____，代理人：_____

乙方（买受人）：_____，代理人：_____

乙方与甲方签订合同编号为_____的二手车□买卖/□车辆置换（在对应的"□"里用"√"标记）合同，自愿购买合同车辆壹辆，经甲方告知和乙方当面查验合同车辆外观、内饰等现场可查验的质量状况，甲乙双方认可双方确认的合同车辆符合买卖合同的约定。

一、车辆信息如下。

车辆品牌型号：_____，VIN/车架号：□□□□□□□□□□□□□□□□□。

二、经买卖双方共同核实、查验，现就合同车辆的合法性、使用性质、累计行驶里程数、瑕疵等有关事宜确认如下（具体情况在对应项前的"□"内用"√"标记）。

□1. 甲方承诺该车来历合法、依法可公开交易。该车为非盗抢骗车辆、非火烧车辆、非泡水车辆、非结构件损伤车辆、非拼装车辆、非非法改装车辆。与该车有关的"机动车登记证书""机动车行驶证"以及机动车号牌等相关证明、凭证是合法、有效的，不是伪造、变造的；乙方同时认可和确认。

□2. 甲方承诺该车原为_____性质的车辆，现为非营运车辆；乙方同时认可和确认。

□3. 甲方承诺是以购买新车的方式获得的该车，该车在签订合同时的累计行驶里程数是真实的，未调整过里程表，支持有关第三方机构或者该车的品牌汽车经销商读取车辆行车电脑里的里程数据；乙方同时认可和确认。

□4. 甲方承诺是以购买二手车的方式获得的该车，对于取得该车之前的真实累计行驶里程数无从核实；甲方确认从获得该二手车到签订本协议期间，未调整里程表；乙方同时认可和确认。

☐5. 车辆外观瑕疵为_____
_____
_____；甲、
乙双方同时认可和确认。

　　☐6. 车辆内饰瑕疵为_____
_____
_____；甲、
乙双方同时认可和确认。

　　☐7. 车辆随车工具有_____
_____；甲、乙双方同时认
可和确认。

　　☐8. 车辆有关资料（如《使用/车主手册》）有_____
_____；甲、乙双方同时认可和确认。

　　☐9. 其他需要确认的事项有_____
_____
_____；甲、乙双方同时认可和确认。

三、特别说明

　　合同车辆存在的质量和技术参数问题（包括已有和潜在的任何瑕疵），甲方已经向乙方做出了详尽的解释和说明，乙方充分知晓和理解，并自愿按照《二手车☐买卖/☐车辆置换（在对应的"☐"里用"√"标记）合同》购买该车辆。

　　四、本确认书由甲乙双方签字盖章后生效，作为《二手车☐买卖/☐车辆置换（在对应的"☐"里用"√"标记）合同》的附件，与《二手车☐买卖/☐车辆置换（在对应的"☐"里用"√"标记）合同》具有同等法律效力；本确认书壹式贰份，甲乙双方各执壹份。

第3章　二手车采购建库：千乘万骑，琳琅满目

甲方（盖章）：

甲方或代理人签字并摁指印：

联系电话/邮编：　　　　　/

　　年　月　日　时　分

乙方（盖章）：

乙方或代理人签字并摁指印：

联系电话/邮编：　　　　　/

　　年　月　日　时　分

特别提示：企业开展采购、置换或销售（零售、批售）二手车的业务过程中，在与客户签订上述《二手车买卖/置换合同》、办理成交车辆交付事宜时，必须向客户说明或明示有关法律条文，并明确告知买受人依法应当承担的法律责任和及时办理成交车辆转移登记手续的重要性，相关法律条文如下。

1）《中华人民共和国民法典》第一千二百一十条：当事人之间已经以买卖或者其他方式转让并交付机动车但是未办理登记，发生交通事故造成损害，属于该机动车一方责任的，由受让人承担赔偿责任。

2）《中华人民共和国民法典》第一千二百一十四条：以买卖或者其他方式转让拼装或者已经达到报废标准的机动车，发生交通事故造成损害的，由转让人和受让人承担连带责任。这项法条也是二手车企业和从业人员不得采购拼装、已经达到报废标准或擅自改装的二手车的法律依据。

2022年版公安部《机动车登记规定》简介

2022年5月1日起施行的《机动车登记规定》，规范了新车上牌免检、车牌可互换、减少注册登记流程、一证通办、全国通办、异地变更车辆信息、摩托车带牌销售、全国通检、延伸机动车业务办理窗口等事项。

1）便捷办理机动车登记业务，明确减环节、减材料、减时限等便捷办理业务要求。推进部门信息联网，减少办事证明凭证。推进设置延伸服务站点，便利群众就近办事。推进交管业务办理电子化应用。重点新措施：小客车登记上牌全国"一证通办"；补领登记证书取消查验车辆要求；推行缴纳支付电子化，但不得拒收现金。

2）严格重点车辆登记准入，重点严格"两客一危"（公路客运、旅游客运、危险货物运输）车辆使用性质登记，机动车所有人申请机动车使用性质登记为危险货物运输、公路客运、旅游客运的，应当具备相关道路运输许可。严格限制个人登记危险货物运输车辆。

3）国产小客车注册登记生产企业预查验，由汽车生产企业在新车出厂时协助查验机动车，与管理部门共享机动车信息，机动车所有人购车后有条件地免予交验机动车，实现网上申请登记、牌证邮寄送达，为群众提供便捷高效的新车登记服务。

4）车辆信息变更"跨省通办"，涉及一项变更登记和三项变更备案。一项变更登记指改变车身色变更登记。三项变更备案指小型微型自动档载客汽车加装、拆除、更换肢体残疾人操纵辅助装置，载货汽车、挂车加装、拆除车用起重尾板，小微型载客汽车加装、拆除车顶行李架，换装散热器面罩、保险杠、轮毂。

5）机动车加装、换装外观部件，不需要办理登记事项的有：加装出入口踏步件。需要办理变更备案事项的有：加装车顶行李架、散热器面罩、保险杠、轮毂。这项规定的总体原则是不改变车身主体结构且保证安全，要求是不改变原车

第3章 二手车采购建库：千乘万骑，琳琅满目

设置的外部照明和信号装置，换装轮毂后保证轮胎规格不发生变化，出入口踏步件不具有载货功能，不超过车辆宽度。

6）优化机动车抵押登记程序，取消主合同审查要求，允许抵押登记期间办理转移登记，推进抵押登记信息联网核查。机动车所有人和抵押权人共同申请事项：因质量问题更换整车变更登记；机动车迁出迁入；共同所有人变更；转移登记；补领、换领机动车登记证书。

7）优化机动车注销登记程序，严格重点车报废监督：对报废校车、大型客车、重型货车和其他营运车辆，要求报废机动车回收企业采集并上传车辆识别代号拓印膜、车辆解体的照片或者电子资料。调整车辆异地报废规定，要求报废地车管所采集、转递车辆识别代号拓印膜，取消机动车灭失证明，增加申请人书面承诺。

8）机动车所有人使用原号牌号码，办理机动车变更登记、转移登记或者注销登记后，原机动车所有人申请机动车登记时，可以向车管所申请使用原机动车号牌号码。

申请使用原机动车号牌号码应当符合的条件：在办理机动车迁出、共同所有人变更、转移登记或者注销登记后两年内提出申请；机动车所有人拥有原机动车且使用原号牌号码一年以上；涉及原机动车的道路交通安全违法行为和交通事故处理完毕。

另外，夫妻双方共同所有的机动车将登记的机动车所有人姓名变更为另一方姓名，婚姻关系存续期满一年且经夫妻双方共同申请的，可以使用原机动车号牌号码。

9）完善临时号牌管理制度，明确二手车出口企业收购机动车，申请办理转移登记的，核发临时号牌规定；新增新车出口销售，应当申请临时号牌的规定；新增智能网联机动车核发临时号牌规定；统一临时号牌式样，统一三种情形临时号牌式样，不再区分为辖区内和辖区外，便于规范管理；明确临时号牌有效期不得超过交强险有效期；明确临时号牌作废的规定。

10）增加检验合格标志电子凭证，公安机关交管部门实行机动车检验合格标志电子化，在核发检验合格标志的同时，发放检验合格标志电子凭证。检验合格标志电子凭证与纸质检验合格标志具有同等效力。

11）委托办理业务，机动车所有人可以委托代理人代理申请各项机动车登记和业务，但共同所有人变更、申请补领机动车登记证书、机动车灭失注销的除外。对机动车所有人因死亡、出境、重病、伤残或者不可抗力等原因不能到场的，可以凭相关证明委托代理人代理申请，或者由继承人申请。代理人申请机动车登记和业务时，应当提交代理人的身份证明和机动车所有人的委托书。

第 4 章
二手车营销销售
提质增效
批零有道

4.1　二手车销售必修课

4.2　整备入库

4.3　销售流程

4.4　销售渠道

4.5　销售方式

4.6　二手车拍照、视频制作及使用

4.7　质保与认证

4.8　增值业务

4.9　车辆交付及售后服务

本章导读

车辆采购成功后，还要将它在合适的库存周期内、以合适的价格售出，争取获得合理的收益。本章主要讲解了二手车销售的激励/绩效指标设置、营销、流程、渠道、方式和技巧，以及相关的车辆整备、衍生业务和售后事宜。

4.1 二手车销售必修课

4.1.1 关键绩效指标设置

1. 过程指标

1）业务开口率。该指标主要针对品牌汽车经销商，建议设定为不低于95%。新车销售顾问在接待客户时，必须在适当时机向客户推荐二手车销售服务，如果与客户预算匹配的新车不能满足客户需求，采购二手车可能就是更好的选项。售后服务顾问也必须在适当时机向客户推荐二手车销售服务，甚至请求客户推荐亲朋选购二手车。客服部门需要在对购车客户和维修客户回访时，调查新车销售顾问和售后服务顾问是否推荐二手车销售服务和请求转介绍，以实现对开口率的闭环监控。

2）试乘试驾率。与新车销售一样，二手车销售也应当为客户提供免费的试乘试驾服务，试乘试驾率指标建议设定在50%以上。对于品牌汽车经销商，考虑到业务风险，如果不方便提供二手车试乘试驾服务，则可以邀请客户试乘试驾新车销售部门的试驾车，以切实改善客户购车体验并提高成交率；对于二手车经销企业，在收取客户订金后，也应当安排试乘试驾活动。

3）垂直媒体平台数量。进行业务规划时，应先根据销售量目标、历史成交率、预估的未来成交率来反推集客量目标，再根据线上集客量目标来设定垂直媒体数量指标。建议在权衡企业财务状况和营销成本的前提下，在二手车之家、易车、懂车帝、58同城等媒体平台中选择至少两家来推广二手车销售业务。

4）新媒体平台（App）数量。助力二手车销售的新媒体包括但不限于微信公众号、抖音、快手、火山、小红书、闲鱼。企业应根据所在地目标消费群的浏览习惯，有针对性地选择在本地影响力大、打开率/浏览量高的平台（App）

推广二手车销售业务和传播车源信息。

5）线上/线下集客目标达成率。该指标建议设定为100%。如果没能达成，则说明前期设定的集客目标量脱离实际，或潜客线索跟踪/邀约工作不到位，要及时复盘改善。

6）线上线索邀约到店率。该指标建议设定在30%以上，否则就有浪费营销资源之嫌，也不能保障潜客到店量。这里的线索指有效线索。

7）每日直播频率和时间段/时长、直播内容完播率、直播平台点赞量/关注量/粉丝量、平均每场直播观看人·次。直播频率建议设定为每日2场，时间段建议选择午饭时间和晚饭后。完播率、点赞量/关注量/粉丝量、观看人·次要根据自身资源实力、历史情况以及行业平均水平合理设定，既不要盲目求多，也不要流于形式。

8）零售车辆库存深度（库存系数）。零售车辆库存深度建议设定在1.5～2。库存深度过低表明无车可卖；库存深度过高表明车辆积压，会增加销售压力，以及库存车辆维护、购车资金孳息等企业"沉默"成本。

2. 结果指标

1）销售量（含线上/线下销售量、新媒体销售量、全员销售量）。销售量指标必须与企业的战略目标、集客能力、采购能力、销售能力、人员配置状况等相匹配。对于二手车销售顾问，（主营中高端品牌）建议将零售量指标设定为10辆/（人·月）。指标设定过低，会导致人均效能过低，影响人均收入，造成人员不合理流失；指标设定过高，可能导致服务不周、客户满意度低、投诉率/退单率高。

2）以旧换旧销售量。以旧换旧的交易方式，让企业在销

第 4 章 二手车营销销售：提质增效，批零有道

售一辆二手车的同时，完成了另一辆二手车的采购，可谓一举两得。如果原车辆的销售利润不理想甚至没有利润，还可以通过换回来的车辆的再销售来弥补。

3）销售毛利。销售毛利是企业经营结果的最终体现，且必须与社会宏观经济环境、企业战略目标、采购和销售能力等相匹配。

4）平均毛利率。平均毛利率＝（所有车辆销售金额－所有车辆采购金额）/所有车辆销售金额 ×100%，建议设定在 5%～8%。

二手车业务的"暴利时代"早已一去不返，受新车市场价格剧烈波动的影响，还可能出现亏损的状况。特别是对品牌汽车经销商而言，为促进新车销售，个别二手车可能没有利润，甚至出现亏损的情况。

5）零售毛利率。零售毛利率＝（所有零售车辆销售金额－所有零售车辆采购金额）/所有零售车辆销售金额 ×100%，建议设定在 3%～6%。

零售毛利率设定过高会降低成交率、增加销售难度、增加库存风险、挫伤员工信心；设定过低有违企业经营宗旨，影响企业和股东的收益。

6）批发毛利率。批发毛利率＝（所有批发车辆销售金额－所有批发车辆采购金额）/所有批发车辆销售金额 ×100%，建议设定在 5%～12%。采取拍卖的方式批发，毛利率相对较高。

7）零售车辆平均库存周期。不同价值的零售车辆库存周期不同，一般而言，价值越高、潜客越少、销售机会越少，库存周期越长。对于零售车辆的平均库存周期上限，建议分价值区间设定为：10 万元以下 30 天、10 万～20 万元 45 天、20 万～50 万元 60 天、50 万～100 万元 90 天、100 万元以上 120 天。

8）零售业务占比。对于零售业务占比，笔者无法给出相对客观的参考数据，也没有经验值可供借鉴。需要注意的是，凡是企业认定达到零售标准的车辆都要坚持零售，不能批发，因为零售可以结合按揭、保险等衍生业务销售，即使车辆销售毛利率较低甚至为负数，也能借衍生业务的销售来弥补或盈利。如果批发业务占比过高，就表明可能存在人员道德风险，即有员工将本该零售的车辆批发给了特定利害关系人，进而从中谋利。

9）客户满意度。客户满意度建议设定在95%以上，过低会影响企业口碑和转介绍率。

10）客户投诉率。客户投诉指购车客户成交后因车辆质量、售后服务等问题，向市场监管机构、消费者协会、汽车制造商、二手车经销企业（含品牌汽车经销商）投诉、申请赔偿/退车的行为。剔除恶意及无效投诉，必须将客户投诉率控制在3%以内，否则会影响企业口碑和转介绍率。

11）实际集客量。根据销量目标和成交率可反推出实际集客量，如果实际集客量与目标集客量差距较大，则必须及时加强培训演练，调整线索跟踪流程和频率，以及邀约话术和技巧。如果下一周期仍无改善，则可适当调整目标集客量。

12）成交率。成交率取决于潜客线索质量和有效线索判定标准、销售顾问业务能力和销售毛利率设定标准，建议设定在30%以上。

13）转介绍率。转介绍率高，表明客户对企业销售服务的满意度高、忠诚客户占比高，达成销量目标也相对轻松。业内优秀企业的转介绍率能达到20%以上，可供参考。

14）客户再购率。客户再购率高，表明客户感知的采购价格设定合理。对于客户再购率，笔者无法给出相对客观的参考数据，也没有经验值可供借鉴。

15）金融渗透率。金融渗透率=统计周期内办理按揭业务的零售车辆数/该周期内企业零售车辆总数×100%。金融渗透率建议设定在60%以上，这项指标越高，企业能获取的金融手续费越多。如果车辆本身销售毛利较低，则可通过金融收益弥补。

16）保险渗透率。保险渗透率 = 统计周期内购买商业保险的零售车辆数 / 该周期内企业零售车辆总数 ×100%。保险渗透率建议设定在 70% 以上，这项指标越高，企业能获取的保险佣金越多。如果车辆本身的销售毛利较低，则可通过保险收益弥补，还能增加客户黏性，为维修业务提前锁定车源。

17）精品着装率。精品着装率 = 统计周期内加装精品的零售车辆数 / 该周期内企业零售车辆总数 ×100%。精品着装率建议设定在 15% 以上，这项指标越高，企业能获取的精品收益越多。对于品牌汽车经销商，还有助于消化停售车型的精品 / 附件库存。

18）退单率。企业必须将退单率控制在 3% 以内，否则会影响企业口碑和转介绍率，增加销售和纠纷处置成本。

对于品牌汽车经销商二手车部门，还需要设定以下结果指标。

1）本品牌销售量。指标越高越好，因为能附加金融、保险和精品业务，获利能力较强。

2）认证二手车销售量。车辆认证的主体既可以是制造商，也可以是行业协会，还可以是企业自身。认证二手车销售量高，对企业美誉度、知名度、影响力、车辆保值率都大有裨益。品牌汽车经销商二手车部门必须尽力完成制造商的本品牌和认证二手车销售量目标，从而获得商务政策支持。

4.1.2 销售业务营销

1. 线下营销

二手车销售线下营销主要涉及营销物料布置、车源信息展示、展车展示等事项。

营销物料布置要直接、清晰地传递促销信息，并通过防骗宣传为消费者建立购买信心，见图 4-1。

车辆信息展示要结合库存资源状况，重点展示最想卖或库存时间最长的车辆，对于品牌汽车经销商，可采取在新车展厅设置展示牌的方式展示，见图 4-2。

图 4-1 营销物料布置示意

图 4-2 车辆信息展示示意

展车展示需要将最想卖、库存时间最长、最能吸引客户注意的车辆置于展厅的焦点位置。对于品牌汽车经销商,还要尽可能将官方认证二手车置于新车展厅,吸引新车客户关注,促进销售。

当库存车源丰富、部分车辆库存时间较长、有很多未消化的潜客时,可以在店端或大型商超的广场组织线下促销/营销活动,例如品牌二手车品鉴会、精品二手车鉴赏会、特定车辆(如长期库存车)团购会等,以合理清理库存、回收资金,见图 4-3。

第4章 二手车营销销售：提质增效，批零有道

图 4-3 某品牌官方认证二手车线下营销活动

二手车销售线下集客 16 项措施

（1）活动集客

1）新车置换专场。适合品牌汽车经销商，通过新车销售部门与二手车部门的协作，实现置换业务成交，即使不能当场成交，也可以获得意向客户线索。

2）服务营销活动。适合品牌汽车经销商，通过售后服务部门与二手车部门的协作，获取维修客户出售或采购意向信息，或请求客户转介绍，从而获取更多线索信息。

3）官方认证二手车销售专场活动。由品牌制造商或经销商自己组织。

4）外展/外拓活动。适合二手车经销企业和品牌汽车经销商，选择国家法定节假日，在大型商超、广场等场所组织二手车展销会、品鉴会等。

5）交车时请求转介绍。二手车售出后交车时，客户的心情最愉悦，此时请求其介绍亲朋选购，并告知其相关商务激励政策，效果最好。

（2）店端物料布置集客

1）店招、道闸指引。店端墙立面、车辆进出口均可布置促销物料。

2）新车展厅二手车展示/布置、引流。对于品牌汽车经销商，可在新车展厅布置官方认证二手车或本品牌二手车展示区，吸引新车客户关注。

3）服务接待区引流。在客户接待区布置促销物料，吸引维修客户关注或转介绍。

4）客户必到、必经处物料指引。在客休区、客餐区、洗手间等公共区域布置促销物料。

（3）二手车市场集客

1）场地租赁集客。对于品牌汽车经销商，二手车市场的场地有先天集客优势，在资金允许和投入产出比较高的前提下，可以到二手车市场租赁场地经营。

2）广告集客。对于品牌汽车经销商，可在二手车市场适当位置布置促销广告牌。

3）合作布置展车。对于品牌汽车经销商，如果认为没必要在二手车市场租赁场地或布置促销广告，也可以与市场里的二手车商合作，签订合作协议，将符合批发条件的二手车委托给对方展示销售。

（4）影剧院集客

1）出入口处布置促销物料。在影剧院演出/放映厅出入口处布置促销物料。

2）椅套、枕套等处设置促销信息。在观众座椅的椅套或枕套上设置促销信息。

3）演出/放映前广告植入。制作促销视频，在演出/影视剧开始前播放。

（5）大型商超/楼宇促销集客

1）大型商超/楼宇出入口/道闸处。在大型商超/楼宇出入口/道闸处布置促销物料。

2）大型商超/楼宇电梯间。在大型商超/楼宇电梯间布

第4章 二手车营销销售：提质增效，批零有道

置促销物料。

3）大型商超/楼宇内部道路。在大型商超/楼宇内部道路适当位置布置促销物料（如刀旗）。

（6）汽车/火车/高铁站、机场停车场集客

在本地汽车/火车/高铁站、机场停车场适当位置布置促销物料。

（7）地铁列车/公交车等公共交通工具集客

在地铁列车、公交车等公共交通工具的车厢内/外立面、扶手/吊环、地板等处布置促销物料。

（8）爱车讲堂集客

二手车业务讲师或部门员工参与企业新车/二手车购车客户爱车讲堂活动，宣讲车辆养护保值技巧，宣传二手车促销信息，请求客户转介绍。

（9）社会车友会集客

自行组织车友会活动，或赞助、参与其他商家/机构组织的车友会活动，活动中穿插宣讲二手车促销信息，甚至提供现场免费鉴定评估服务。

（10）广播电台广告集客

与本地交通类广播电台合作，在汽车服务类节目中安排二手车鉴定评估/采购销售业务宣讲。对于品牌汽车经销商，进行新车和维修业务宣讲时都可以顺便植入二手车业务信息。

（11）青少年活动中心、线下教培机构集客

在青少年活动中心和线下教培机构周围，聚集了大量接送或陪同孩子的父母，他们有充足的时间浏览促销信息。

（12）汽车驾驶培训机构集客

一般而言，刚取得汽车驾驶执照的人，是选购中低端二手车的主力，企业

可与汽车驾驶培训机构签订合作协议，在其报名处、训练场等处布置促销物料，或在教练车座椅套/头枕套上设置促销信息。此外，还可与教练员合作，以提成激励的方式请其帮助引客。

（13）车辆审验机构集客

在征得车辆审验机构同意的前提下，在其办事场所适当位置布置促销物料。

（14）加油/气站、充电站促销物料集客

在加油/气站、充电站的加油/气机、充电桩上设置促销信息。

（15）酒吧、KTV等娱乐场所集客

酒吧、KTV等娱乐场所主要吸引有一定消费实力的中青年人群，适合促销高端车型。

（16）篮球场、羽毛球馆等运动场所集客

运动场所集客同娱乐场所集客。

需要指出的是，对于品牌汽车经销商，应当整合新车销售业务、车辆维修业务、车辆续保业务和二手车业务的营销工作，以提升营销人力/物力的利用效率，力求各业务、各流程、各岗位互促共进，实现全方位、全流程营销。

2. 线上营销

开展二手车销售线上营销，企业需要将规范拍摄的车辆照片、视频等营销素材，连同车辆信息、企业联系方式等，上传到二手车之家、懂车帝、58同城等互联网平台，见图4-4。对于已经销售出库的车辆信息，要及时撤销（下架）。

第4章 二手车营销销售：提质增效，批零有道

企业还要坚持在抖音、快手等平台上开展直播活动。对于品牌汽车经销商，新车销售部门与二手车部门要密切协作，在各自的直播活动中互相"引流"和"带货"。

图 4-4　线上营销信息发布示意

3. 全员自媒体营销

二手车销售自媒体营销，同样需要规范拍摄 / 录制车辆照片 / 视频，由企业市场部门或专人编写营销文案，制作小视频、易企秀（H5）等素材，经二手车销售经理 / 主管审核后，所有员工在自己的微信朋友圈发布。此外，员工也可通过自己的抖音、快手、闲鱼、火山、小红书等移动端 App 账号，推送销售车源和营销商务政策框架信息（注意，只能是框架信息，不能包含销售价格等细节信息，否则很难吸引客户到店商谈）。

需要注意的是，在微信朋友圈发布的营销信息，必须包含所售车辆的实拍照片和企业位置，图片最好采用"9宫格"形式排列，第5张位置（中心位置）放置二维码，二维码要链接车辆详细信息（如果凑不够9张图，也可以是6张或3张，不能少于3张），见图4-5。所宣传的车辆既可以是库存车辆，也可以是尚未完成整备的车辆，还可以是采购完成但尚未到店的车辆。此外，最好在文案中列出展示车辆全部信息的网页链接，便于潜客进一步了解车辆。

203

图 4-5 微信朋友圈发布营销信息示意

实战点睛

全员营销推广的监控

二手车经销企业和品牌汽车经销商，都必须组织部门或专人监控全员营销工作的实施情况，并向二手车总监/经理，或二手车销售经理/主管反馈监控结果。

对于二手车经销企业，建议组织专人监控；对于品牌汽车经销商，建议由行政/人力资源部门组织实施监控。可通过抽查员工微信朋友圈发布情况（此方法存在侵犯隐私之嫌，要谨慎采用），或要求员工将发布信息截图发送至二手车销售工作微信群的方式，来核查、监控工作状况。企业必须制订有针对性的激励/绩效机制，对于没有按要求执行的员工，要及时提醒，必要时给予负激励；对于信息发布产生的业务订单，要及时给予相关员工正激励。

对于抽查、监控的结果，负责人要整理统计，形成报表，在企业月度经营分析会上公示分析，并制订改善措施。

第4章　二手车营销销售：提质增效，批零有道

4. 老客户营销

零售老客户是企业的宝贵资源，可谓"不付薪酬的编外二手车销售顾问"，必须维护好关系，争取重购和业务转介绍。对此，可以借鉴新车销售部门的方法，在重要节日、客户及其家人生日、天气状况恶化等时间节点，通过微信向老客户发送关怀/提示信息，甚至致电问候。

有余力的企业可建立二手车销售顾问"客户经理制"，让销售顾问与每一位零售客户添加微信好友（或组建客户"保姆群"），开展一对一的定期关怀/维护工作，确保二手车营销信息100%覆盖老客户，甚至恳请老客户在"私域圈层"进一步传播。

4.1.3　销售业务管理

1. 业务规划管理

企业要坚持每周对前期规划的销售量（零售和批发）、毛利（毛利率）、成交率、实际集客量等指标进行总结复盘，不能等到月末，否则难以保证完成月度任务目标。对于品牌汽车经销商，还要对本品牌销售量、认证二手车销售量进行过程管理。

2. 人员效能管理

企业要根据销量目标（主要是零售量目标）规划二手车销售顾问结构，按照约10辆/（人·月）的销售量来规划业务效能，或对人员结构进行调整。

实施效能管理时，要同步考核二手车销售顾问的毛利、成交率，以及金融（按揭）、保险等衍生业务的销售业绩。

各项业绩指标必须分解到个人进行效能分析，见图4-6。对于指标排名靠后的人员要重点关注，及时进行辅导培训。经辅导培训半年或1年后，指标排名仍然靠后或不能完成任务目标的人员（图4-6中蓝色和红色粗方框内的人员），可能不适合从事二手车销售工作，要考虑调整其工作岗位或进行辞退处理。

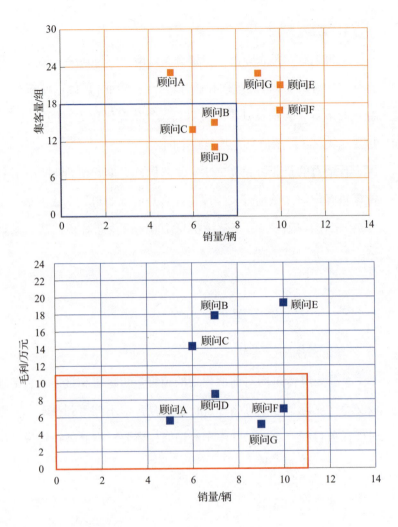

图 4-6 二手车销售顾问效能分析示意

3. 销售线索管理

主要关注并分析二手车销售顾问集客量目标、邀约到店率目标的实际完成情况，以及线索处理的及时性。

众所周知，二手车成交周期比新车短，因此必须及时跟踪、联系、邀约客户到店看车商谈，否则销售机会转瞬即逝。无论线下线索还是线上线索，都要在获得后的 60min 内由市场营销或线索管理专员分配给二手车销售顾问跟进联系，当天的线索必须在当天跟进处理完毕。

第4章 二手车营销销售：提质增效，批零有道

对于线索管理，需要建立 Excel 表格形式的台账，对每日新增线索总量（表4-1）、跟进情况、与客户互动情况、处理结果、客户意向车型及匹配情况、客户意向级别、与客户预约的到店时间等信息进行汇总记录和统计分析，并将统计分析的结果发布在部门微信工作群，或在次日早会上汇报。

表4-1 每日新增线索统计表

日期	1	2	3	4	5	6	7	8	9	10	…	31	合计
线下展厅													
线上平台													
自媒体													
二手车市场网点													
合计													

对于未按要求及时处理线索信息和邀约到店率过低的二手车销售顾问，必须及时辅导培训，必要时给予负激励。图 4-7 所示为二手车之家二手车业务线索的计算机版和手机版跟踪管理功能示意。

图 4-7 二手车之家二手车业务线索跟踪管理功能示意

4. 销售价格管理

二手车销售价格管理主要涉及定价机制和权限、价格调整机制和权限、衍生业务组合，以及溢价销售等。

制订定价机制需要综合考虑预期毛利（毛利率）、销售周期、库存结构

（同款车型数量占比）、市场行情、需求状况（需求线索数量）、同款或近似款车型历史成交价格、同款或近似款新车型近期降价预估、销售渠道（零售或批发）、同款或近似款车型市场饱和程度、员工能力及销售技巧等因素，具体可参考 2.7.1 节。

每一辆待售二手车的销售价格都要由二手车销售团队商议，再报团队负责人审批后确定。团队负责人拥有定价和价格调整的最终决策权并为此负责。

对于零售车辆，要制订结合衍生业务销售的激励/绩效机制。对于衍生业务销售业绩不佳的二手车销售顾问，或没有衍生业务的车辆，都需要特别关注，对于相关责任人，建议适当降低正激励水平。

对于有能力溢价销售的顾问，除执行常规激励机制外，还要制订溢价部分的激励机制，维持其工作热情。

5. 车辆证照和凭证管理

规范管理车辆证照和凭证，主要目的是规避经营风险，畅通业务流程，管控经营资金。

待售车辆的钥匙、行驶证、保险凭证、采购环节付款凭证、采购/销售发票和成交合同/协议等，必须集中存放在指定位置，由库管人员统一保管，实行领用和归还登记制度。机动车登记证书原件必须存放在财务部门，销售部门凭复印件即可推进业务流程。客户要求查验原件，或车辆售出且全部销售款已经收取时，可到财务部门领取原件，实行领用和归还登记制度。

通常情况下，允许二手车销售顾问持机动车登记证书复印件、保险凭证复印件、行驶证原件和车钥匙与客户商谈。

6. 库存车辆及展车管理

对于库存车辆及展车，首先要确保存放和移动安全。不论在销售展厅还是在车辆存放仓库，不论移动还是静止状态，都必须确保其安全。

对于展厅展车，每日下班前要检查蓄电池状况、各种油液的油位/液位，必要时充满电后再下班，确保车辆总能以良好的状态呈现在客户面前。对于库存车辆，也要进行日常维护，确保能正常行驶。

对于混合动力汽车、电动汽车，还要检查动力蓄电池包的安全状况，避免发生安全事故。

对于外出展示和试乘试驾活动，必须提前规划/勘查路径，确保行车安全。

二手车经销企业可借鉴品牌汽车经销商的新车展示标准来管理展厅展车：轮胎/轮辋上的品牌 LOGO 必须相对地面保持端正状态；车载收音机调整到本地播音效果最好的电台频道；所有车窗玻璃下降 1/3；所有车门从内/外均可正常开启；行李舱门/盖电动开闭功能正常；蓄电池电量充足，且能保证发动机正常起动；所有灯光齐全有效；车身内外表面干净，无污渍、尘土和指纹；所有轮胎表面干净，无污渍和尘土；所有座椅表面干净，无污渍和尘土；客户品鉴车辆后的 30 分钟内清除操作/触摸痕迹，尽可能保证下一位客户品鉴前恢复车内外的初始状态；离地间隙较大的车型，例如越野车和 SUV，可放置底盘观察镜（图 4-8），供客户观察底盘状况。

图 4-8　车辆底盘观察镜示意

每日营业前、卫生作业后，展车负责人应使用《展车日检表》（表4-2）检查车辆的"临卖"状态。

7. 成交车辆档案管理

对于成交车辆档案管理，可借鉴品牌汽车经销商客服部门的措施，按照采购、整备、销售的时空顺序，包括但不限于：出卖人或其授权代理人身份证明凭证/授权委托书、采购/置换合同/协议、（采购时）拍卖合同、付款凭证、二手车评估表、二手车销售统一发票买方留存联、保险合同、车辆交接确认凭证等复印件或者原件；买受人或其授权代理人身份证明凭证/授权委托书、销售合同/协议、（销售时）拍卖合同、收款凭证、二手车销售统一发票卖方存根联、机动车登记证书、行驶证、保险合同、金融/保险/精品销售合同/出库单、整备通知书/凭证、维修工单、维修材料领用表、车辆交接确认凭证等的复印件或原件。

上述车辆档案，建议一车一档，编号保存。同时，以车辆VIN为唯一依据，以采购、整备、销售的顺序，建立电子台账，与纸质档案一一对应，编号保存，便于企业自查，或市场监管、公安等机构审计和检查。

> **实战链接**
>
> **成交车辆动态管控表**
>
> 建议二手车企业使用《成交车辆动态管控表》（表4-3）如实、完整地记录成交车辆的信息并存档（具备二手车出口业务经营资质的企业，可只记录出口车辆的部分信息）。

第4章 二手车营销销售：提质增效，批零有道

表4-2 展车日检表

展车日检表　　　　　　　　　　　　　　　　　　　　　　　　　日期：

展位	车牌号码	车架号后6位	负责人	车轮	灯光	蓄电池	完整性	车辆卫生	价格信息牌	仪表	底盘/发动机舱	检查结果（合格/不合格）	检查人：值班经理	备注（存在问题）	再次检查结果（合格/不合格）年 月 日	处罚结果
1																
2																
3																
4																
5																
6																
7																
8																

检查标准说明

车轮：外观完好，轮胎气压正常，可见部分干净，无泥灰，车轮装饰盖LOGO相对地面端正。
灯光：外观完好，功能正常。
蓄电池：营业期间保持满电状态，充电设备置于车辆底盘下，不得露出（玻璃面高光展台不适用）。
完整性：车身内外的各类装饰物，品牌/车型标识，随车工具无缺损。
车辆卫生：车身内外表面保持清洁（无灰尘/污渍/水渍/指纹），无划痕，无塑料膜，无与业务无关的物品。
价格信息牌：摆放位置正确，无缺损，表面清洁。
仪表：语种为中文，日期、时间正确，无故障灯点亮/故障指示标识出现（包括燃油油位低指示灯）。
底盘/发动机舱：清洁无缺损。

销售经理/主管：

日期：

表 4-3 成交车辆动态管控表

序号	所有人及身份证号	号牌号码	出卖经办人身份证号	出卖经办人电话及身份证号	VIN	收购日期	收购价/万元	整备成本	整备责任人	计划售价/万元	实际售价/万元	销售日期	库存期/天	毛利率(%)	销售方式[批发(含拍卖)/零售]	买受经办人	买受经办人电话及身份证号	转入地车管所名称	转移登记所有人及身份证号	转移登记责任人	转移登记日期	备注、回访及责任人

《成交车辆动态管控表》主要记录成交车辆及其出卖人/买受人、各环节业务流程执行人等信息，便于企业追索车辆来源和最终去向、实施车辆回购或争取客户转介绍时跟踪回访，同时便于公安经侦、市场监管等部门核查车辆及其出卖人/买受人信息。

4.2 整备入库

4.2.1 概述

1. 整备目的

二手车整备指对所有采购后待销售的二手车，经专业人员鉴定、检查、诊断后，补办随车证明/凭证/牌证（包括但不限于机动车登记证书、机动车行驶证、车辆保险，其中，机动车登记证书必须由原车辆所有人办理，其余可代办），以及排除机电故障/安全隐患、修复钣喷和内饰缺陷/瑕疵、全面清洁维护、清除前车主的使用痕迹等与恢复安全技术状态相关的作业。

对于决定批发的车辆，不必进行深度整备，但必须进行全面清洁；对于决定零售的车辆，必须进行深度整备。

二手车整备作业的核心目的是恢复车辆的安全技术状态，确保车辆的各项性能符合国家有关法规和标准，保证车辆的使用安全。

需要指出的是，所有二手车企业和从业者都必须坚守诚信经营的底线，不能在整备中故意调低车辆的累计行驶里程数（实际上，车辆的累计行驶里程数由车载计算机自动储存且不能更改/删除，只能调整表显的累计行驶里程数）。

2. 整备要求

1）齐全有效。机动车登记证书、行驶证、保险等车辆相关证照、凭证、文件必须齐全有效，绝不能伪造变造，弄虚作假。

2）符合法规。整备作业必须符合国家法规/标准、汽车制造商标准要求，具体可参考 GB 7258—2017《机动车运行安全技术条件》及其后续系列"修改单"、GB/T 18344—2016《汽车维护、检测、诊断技术规范》等。

3）消除痕迹。无论整备深度如何，都必须消除前车主的使用痕迹，包括但不限于异味、垃圾等。

4）修旧如新。与文物古董的"修旧如旧"不同，二手车整备必须做到"修旧如新"。除恢复安全技术状态外，全车外观、内饰的翻新、修复都要以新车为标准，只要决定翻新或修复，就不能留下任何脏污、孔洞、凹陷、裂纹、破损、剥落痕迹。对于机油、变速器油、制动液、冷却液、空调制冷剂、玻璃清洗剂等油液，要视情况补足或换新。

5）具备卖相。整备的最终目标是让二手车具备一定标准的"卖相"，吸引客户关注，给予客户购买信心。

3. 整备原则

1）效率原则。二手车市场的特点是"一时一价"，可能每周的市场行情都会有一定变化。二手车销售，尤其是零售业务必须讲求时效性，整备周期过长，就会延长库存时间（库存时间应从付完车款算起），错失销售机会。

2）适度原则。二手车整备要适度，不能过度整备，否则不仅增加成本，还不利于客户判断真实车况。例如，对于面积 $\leq 5mm^2$ 的、较浅的车身表面凹陷或油漆剥落现象，在不影响使用安全和整体美观性的前提下，就可以不修复，否则反而可能使客户怀疑曾经有严重问题。

3）质量原则。整备质量必须符合国家相关法规/标准，以及汽车制造商标准要求，尽可能恢复安全技术状态、消除

第 4 章　二手车营销销售：提质增效，批零有道

安全隐患，保证车辆使用安全。

4）成本原则。整备的时间和资金成本投入都不能过度，否则就会得不偿失。

5）安全原则。必须严格按相关标准/规范开展整备作业，确保作业人员、车辆、设备的安全。如果需要委托第三方作业，则还要注意车辆移动和行驶安全。

4.2.2　整备流程

1. 业务传递流程

业务传递流程包含从计划整备到作业完成交车的全过程：销售经理/主管判断是否需要整备→确认整备项目→确定整备深度→做整备预算/费用预估→销售负责人审批→与整备机构（对于品牌汽车经销商可能是企业的售后服务部门）签订整备协议/向整备机构出具整备委托凭证→整备前车辆交接及手续办理→整备机构作业→完工后车辆验收→返工（未达验收标准）→验收合格后交接车辆及手续办理→整备费用结算及支付。

2. 整备作业流程

整备作业具体流程：接收车辆→核对车辆及其委托内容、整备要求→制作施工单→开具派工单/作业单→简单清洁车辆→再次查验车辆及其整备要求（可能发现车辆其他重大问题，必须与委托方确认）→机电维修作业→钣喷修复作业→内饰翻新/修补作业→完工检验→交车前彻底清洁→委托方验收→收取整备费用→与委托方交接车辆。作业过程中要注意保护各类车载电气设备（尤其要注意避免泡水），遵守安全操作规范。

对于在施工过程中发现的协议或委托凭证未载明的车辆故障、重大瑕疵或损伤，必须与委托方确认后再开工，必要时签订补充协议。

> **实战链接**

GB 7258—2017《机动车运行安全技术条件》简介及应用

1. 简介

GB 7258—2017《机动车运行安全技术条件》于2017年9月29日发布。该标准（及其后续的"修改单"）是我国机动车国家安全技术标准的重要组成部分，是进行注册登记检验和在用机动车检验、机动车查验等机动车运行安全管理及事故车检验最基本的技术标准，同时也是我国机动车新车定型强制性检验、新车出厂检验和进口机动车检验的重要技术依据之一。

该标准规定了机动车的整车及主要总成、安全防护装置等有关运行安全的基本技术要求，以及消防车、救护车、工程救险车和警车及残疾人专用汽车的附加要求。适用于在我国道路上行驶的所有机动车，但不适用于有轨电车（指以电机驱动，架线供电，有轨道承载的道路车辆）及并非为在道路上行驶和使用而设计和制造、主要用于封闭道路和场所作业施工的轮式专用机械车。

2. 应用

在二手车鉴定评估和整备环节，都必须参考GB 7258—2017开展作业并对作业质量进行检验，这样才能切实规避业务风险，避免对事故车、非法拼装车的误判。在处理交易纠纷、售后索赔、质量投诉、司法诉讼时，GB 7258—2017可以作为交易双方、仲裁机构、市场监管部门、法院等的参考或裁定依据。

第 4 章 二手车营销销售：提质增效，批零有道

4.2.3 整备车辆验收

除验收已完善、补办的随车证照/凭证/文件外，整备车辆验收分为以下三个阶段。

1）整备机构内部验收：整备作业结束、彻底清洁车辆后，由整备机构专业人员实施验收，核查整备的内容、质量和完整性。

2）二手车经销企业（委托方）到整备机构接车时验收：对照委托整备内容和整备作业结果，查验整备质量和完整性。如果检验结果不达标或与委托要求有差距，则要重新商讨费用标准，必要时要求返工。

3）二手车经销企业销售负责人在车辆入库前验收：审查车辆是否满足零售标准，评估客户购买后有无使用风险。

4.3 销售流程

4.3.1 品牌汽车经销商新车销售流程

经各汽车品牌及其经销商的不断探索、优化，新车销售已经形成了相对完整、成熟、有效的流程要求，各品牌细节要求略有差异，但整体趋同。

品牌汽车经销商常用的新车销售流程：**售前准备→客户接待→需求分析→车辆介绍→试乘试驾→报价协商→成交签约→完美交车→售后跟踪**。需要说明的是，"客户开发"属于市场营销环节，一般不视为汽车销售环节。

4.3.2 二手车销售流程

二手车经销企业可借鉴品牌汽车经销商的新车销售流程，开展二手车销售业务。在借鉴新车销售流程的基础上，考虑二手车业务的特殊性，笔者总结了二手车销售流程：**售前准备→客户接待→需求分析→车辆介绍→试乘试**

驾→报价协商→成交签约→质保认证→完美交车→转移登记→售后关怀，相比新车销售增加了"质保认证""转移登记"环节。

1）售前准备。售前准备包括但不限于销售顾问掌握商务礼仪规范、销售工具准备、车辆"临卖"状态准备、销售价格确认、衍生业务销售确认、客户到店确认及车辆匹配、试乘试驾车辆准备等。

2）客户接待。客户接待流程必须展现热情、专业、诚信等要素，第一要赢得客户信任，第二要为客户建立选购信心，第三要尽可能延长客户留店时间。

3）需求分析。根据前期与客户的沟通情况和企业库存状况，在充分分析客户购买用途、使用场景、主要驾驶人、购买决策人、购买时间和预算的基础上，帮助客户确认需求，在企业既有车辆不能匹配客户需求时，尝试引导其调整需求。需要指出的是，二手车销售的"至高境界"是引导客户需求（想卖什么车就能卖出什么车），而不是一味迎合客户需求。

4）车辆介绍。首先要介绍线上/线下市场同款或近似款车型在销车源状况，凸显车源的稀缺性；其次要介绍车辆的品牌、品质、保值率、维修便利性、性能特点、安全技术状况和配置情况；最后要介绍车辆保险情况、安全检验情况、前车主用车情况、办理转移登记事宜，以及认证、售后维修/质保、退换车条件、道路救援条件等。

5）试乘试驾。精心安排（凸显车辆优点）的试乘试驾，能增强客户的购买信心和意向。销售顾问要主动邀请客户试乘试驾，并提前说明行驶路线、安全注意事项和体验要点。

试乘试驾前要复印客户驾驶证或留存客户电子驾驶证截图，100%要求客户签订《试乘试驾承诺书》，以规避业务风

第4章 二手车营销销售：提质增效，批零有道

险。过程中要确保安全，销售顾问和客户都必须全程系好安全带。结束后要请客户反馈体验。需要注意的是，要确保到店客户的试乘试驾率不低于50%。

6）报价协商。在客户确认意向车辆后，要及早择机打探客户心理预期价位，并自信、真诚地报出实际销售价格。协商过程中，要向客户说明的内容包括但不限于：车价是否包含开具二手车销售统一发票的税金，是否包含办理转移登记手续的费用，是否包含赠送项目，质保期限等。必要时向客户展示车辆的采购合同/协议甚至采购发票，表达报价的真诚，进一步赢得客户信任。

7）成交签约。销售顾问与客户商定所有交易事项后，必须签订销售合同/协议，约定双方权责、违约责任和纠纷处置办法等。

8）质保认证。成功签约后，销售顾问要向客户说明质量认证/质量保证条件和权益，出具汽车制造商/第三方/企业自身的质量认证/质量保证凭证。

9）完美交车。客户的高满意度和高转介绍率多源自良好的交车体验和售后服务。销售顾问交车时要向客户详尽、清晰地讲解车辆所有功能的操作方法、驾驶操作要领和使用注意事项，直到客户理解并确认能正常使用为止。

交车环节要请售后服务部门和客服部门的同事参与，向客户介绍用车问题的联系渠道和方式，例如出现故障联系谁/如何联系、续保联系谁/如何联系、需要救援联系谁/如何联系等，为客服部门做满意度回访埋下伏笔。交车过程中要祝福客户用车平安，向客户赠送鲜花等礼品，并在征得客户同意的前提下与客户合影留念，要100%请求客户转介绍，邀请客户加入微信客户群。

10）转移登记。交车后要及时按约定提醒、协助客户办理转移登记手续，详细告知客户办理流程和需要准备的证照/凭证，同时告知客户不及时办理交付车辆转移登记的风险。如果驾车前往办事机构，最好请客户自己驾车，以规避风险。

如果企业采购车辆后没有将其过户到企业名下（如果原所有人需要保留原号牌号码，则必须在一定期限内将车辆转移登记到企业名下），而是在销售后直接由原所有人转移登记到新所有人名下，则还要及时将已经办结转移登记的事实告知原所有人，以提高原所有人的满意度，争取获得其转介绍。

> **实战点睛**
>
> **车辆转移登记办结通知书**
>
> ×××（原车辆所有人为单位）/尊敬的×先生/女士（原车辆所有人为个人）：
>
> 您（单位）原号牌号码为×××的、VIN/车架号为□□□□□□□□□□□□□□□□□的车辆已于　　年　　月　　日办结转移登记的所有业务，新车主为×××省（市、自治区）××市××县（市、区）的×××。
>
> 与该车有关的□登记证书/□行驶证/□保险合同/□营运证等均已变更或者转出本辖区。
>
> 现机动车所有人所在地车管所为×××，咨询电话为××××××××。
>
> 请您(单位)核查。如有疑问，请致电：××××××。
>
> 我们真诚地请您给我们推荐客户和车辆，事成后定有酬谢。
>
> 特此敬告。
>
> 顺祝：
>
> 生活愉快，用车平安！
>
> ×××公司（公章）
>
> ××××年××月××日

11）售后关怀。车辆成交、办结转移登记手续后，不是销售服务的结束，而是销售服务的开始。客户离店后，销售人员要做的工作包括但不限于：估计客户到家时间，询问客户路途是否平安、车辆操作是否自如、使用是否习惯；得到客户肯定回复后，告知客户注意按时/里程保养、转介绍权

第 4 章 二手车营销销售：提质增效，批零有道

益并请求其转介绍。客户购车后的第 11 个月，要主动邀请客户回店续保，这样不仅能增加企业的保险佣金，还能为售后服务部门提前锁定车源。一定时间后，还要主动询问客户有无处置车辆的打算，若有，则承诺高价回购，并介绍车源信息，争取让客户换购/增购或转介绍。

4.4 销售渠道

4.4.1 线上销售渠道

二手车经销企业要通过分析潜客的线上渠道浏览习惯、信息搜索偏好，有选择地在二手车之家、易车、懂车帝、58 同城、淘车等互联网平台展示企业形象、发布车辆销售信息，见图 4-9。对于企业官方网站，也要例行维护，及时更新信息。

图 4-9 车辆销售信息发布示意

企业至少要选择 1 个互联网平台作为主打阵地，弥补线下集客和销售业务的不足。目标销量大且有实力的企业，可以选择多个互联网平台，做好营销规划，按平台政策和平台受众取向有针对性地发布销售信息。

线上渠道无法确认实车状况，更无法体验实车性能，因此不可能真正完成销售任务，换言之，其核心目标是获取客户线索，然后主动邀约客户到店体验协商。

对于互联网平台推送、露出的线索信息，企业必须在60min 内跟进，与客户取得联系后热情沟通并邀请客户到店，注意与客户预约到店时间，必要时提供接送客户的服务。

诚信是企业经营的灵魂，在线上渠道展示企业形象、发布车辆销售信息时，必须坚持诚信原则，杜绝信息不全、表达含混、照片 / 视频模糊等情况。

实战链接

二手车意向客户购车渠道偏好

图 4-10 所示为汽车之家总结的二手车意向客户购车渠道偏好，可见品牌汽车经销商的"官方认证二手车"是最受广大消费者关注的。

4.4.2 线下销售渠道

品牌汽车经销商和二手车经销企业要以本企业线下 / 实体渠道为销售主阵地，同时积极开拓其他线下渠道。对于品牌汽车经销商，可与本地或外地的二手车经销企业（至少3 家，营造竞争氛围）协议合作，批发处理未达零售标准的

第 4 章 二手车营销销售：提质增效，批零有道

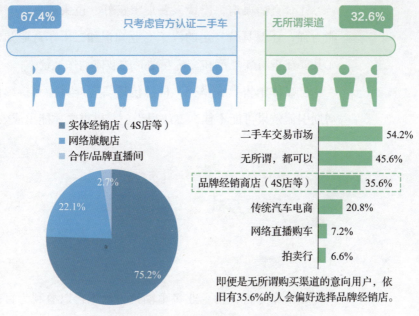

图 4-10 二手车意向客户购车渠道偏好

车辆（主要是新车销售部门的置换车辆），以尽快消化库存。对于身处二手车市场的二手车经销企业，要利用好市场的集客优势，珍惜每一位到店客户。

线下销售的关键是积极引导客户理性消费，主动为客户讲解消费原则和技巧，以真诚打动客户，以诚信赢得客户信任。

4.4.3 自媒体销售渠道

与二手车之家等互联网平台类似，微信公众号、抖音、闲鱼、快手、小红书等自媒体平台无法直接实现二手车销售，但能吸引潜客关注、获取潜客信息，进而引导潜客到店成交。

自媒体销售的特点是"强联系、弱骚扰"，主要目标是增强客户黏性。自媒体渠道的销售素材不能低俗诡媚，更不能触及政治政策红线，要结合企业形象和所售车辆特点，有针对性地做"柔性"销售，在传播汽车知识和相关引流信息的同时，潜移默化地附加销售信息。

针对直播渠道，出镜人要形象良好、镜头感良好、表达能力强，还要具备一定的汽车专业知识和二手车行业知识，尤其要注重着装规范和交流互动时的肢体动作礼仪。

自媒体销售贵在坚持，信息传播要有连贯性和持续性，初期引流效果可能不佳，方法得当、一以贯之才能出成效。

4.5 销售方式

4.5.1 零售

二手车零售，指企业将车辆销售给不再以盈利为目的将车辆转售他人的终端客户的销售方式。

为做好二手车零售业务，企业要规划采购量，预估采购能力、整备能力，预设库存周期，规划毛利或毛利率。为完成规划的零售量和利润目标，企业还要规划集客量、成交率、金融/保险等衍生业务销售量和利润目标，参考历史成交数据规划线上、线下和自媒体零售量目标，最后将零售量目标分解到小组或个人。

企业必须合理规划零售与批发的比例，达到制造商或企业自身零售标准的车辆必须坚持零售。

企业必须分车型统计零售车辆的集客量、成交量、成交率等数据，为车型采购和调整库存提供数据支撑。此外，必须根据历史成交数据和意向客户需求，有针对性地调整采购车型结构（尤其是外部采购）。分车型统计的集客量、成交量和成交率，见图4-11。

第 4 章 二手车营销销售：提质增效，批零有道

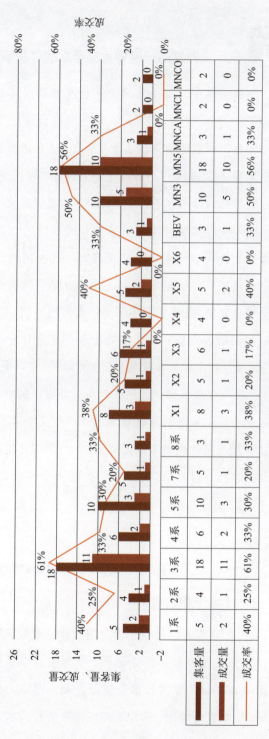

图 4-11 分车型统计的集客量、成交量和成交率

> **实战点睛**

讲好每一辆零售二手车的"故事"

日常工作中,二手车销售人员经常要面对客户的"灵魂拷问",例如"既然车况这么好、里程数这么少,原车主为什么要卖?而且还卖得这么便宜?""这车比新车卖得还贵,新车才卖多少钱!"。面对这些问题,二手车销售人员自然要组织相应的话术积极应对,而应对的关键就在于讲"故事"。

比如针对"既然车况这么好、里程数这么少,原车主为什么要卖?而且还卖得这么便宜?"这类问题,可以讲这样一个"故事":这辆车的主人是一对刚退休的夫妇,原本买了车想自驾游的,现在要出国帮子女照顾小孩,着急把车出手,所以我们的收购价不高,卖得比较便宜。针对"这车比新车卖得还贵,新车才卖多少钱!"这类问题,可以讲这样一个"故事":我非常理解您的想法,但您还得考虑购置税、上户费,而且您看,这车还带××元保险,我们又加送了××赠品,这些都加起来就比新车足足省了××元,更何况,您说的新车价格也是一时一价,现在车源紧俏,加价可能都提不到现车。

> **实战点睛**

告知消费者挑选二手车的原则和方法

1. 挑选二手车的原则

1)主流品牌,畅销车款。国内外主流汽车品牌的畅销车款,质量久经考验、性价比高、维保网点多、保值率高,使用安心、省心,日后再出手也不会损失很多。此外,在车辆的颜色、配置选择上,尽量遵循主流审美和需求,不标新立异,

第4章 二手车营销销售：提质增效，批零有道

这也有利于保值。

2）自主理性，出手冷静。挑选二手车时一定要自主理性，卡紧预算、明确需求，不要在销售顾问的"忽悠"下冲动选择超出预算的车辆或冷门车款。切记购车是自己（和家人）出资、自己（和家人）使用，不要被旁人的意见左右。

3）了解政策，关注行情。国家环保法规和标准、汽车产业政策、地区限购/限牌政策都在不断变化，考察车款时要把眼光放远些，排除那些未来可能不适合在本地区使用的车款。此外，还要通过线上线下渠道多了解市场整体行情，重点关注心仪车款的行情，对价格有合理预期，心里有数才能不被"忽悠"。

2. 挑选二手车的方法

1）货比三家。选购二手车要有耐心，不能急于出手。锁定车款前，要根据自己的需求和预算，从新车销售情况、车主反馈情况、二手车行情等角度，多比较几个品牌和车款。基本锁定车款后，要在不同的经销商之间比较，主要看价格、车辆安全技术状况、销售服务水平、售后服务政策，以及企业口碑。

2）咨询行家。如果自己对汽车不太了解甚至一窍不通，也没有时间和精力去做以上功课，那买辆放心二手车的最简单方法就是找行家帮忙选车款/商家、看车况、验质量。如果身边没有这样的亲朋，就多逛逛专业门户网站和社交媒体平台的相关论坛或话题组，看看能不能向热心网友求教。

实战链接

个别互联网二手车交易平台的"陷阱"

二手车销售人员在与客户沟通的过程中，可以适当讲解一些网络消费陷阱和预防技巧，以真诚拉近与客户的距离，强化客户对实体渠道的信任感。

2021年3月4日，四川省保护消费者权益委员会发布《线上购买二手车调查报告》（来源：中国消费者报）。报告显示，六成已购二手车的消费者遭遇

了下列问题：咨询和宣传内容与实际不符（28.0%）；车辆证件、保险、保养信息不齐全（22.5%）；车源信息与网上不一致（20.5%）。消费者最希望购车平台能保障的是：车源信息真实性（60.2%）；车辆证件信息验证（43.3%）；车辆质量（42.4%）；车况信息验证（40.8%）。报告还显示，部分互联网二手车交易平台存在发布虚假车源信息、车辆参数不实、交易合同存在霸王条款等问题，具体如下。

1）线上发布的二手车重要信息参数与实车信息参数不符。体验员通过网上信息截图确定车辆的型号、价格、颜色、年限、配置、里程数等信息，并预约线下看车，发现51个体验样本中有16个样本存在信息不一致现象，主要涉及车辆里程数、价格、配置等信息。

2）涉嫌发布虚假车源吸引消费者。在58同城、二手车之家、瓜子二手车、人人车、淘车各体验10个样本，58同城有8个样本、二手车之家有1个样本的线上车辆与实际车辆不符，人人车和淘车各有1个样本无法看到实车。

3）收费事项告知不清。部分平台存在未准确告知转移登记费用、上牌费用等收费项目的现象。各平台及商家存在收取GPS使用费情况，GPS是金融贷款方为降低商业风险而安装设置的，若未征得消费者同意即将GPS使用费转嫁给消费者，则单方面增加了消费者的义务。

4）存在收取定金程序瑕疵。优信二手车只提供线上看车，且消费者需要先交定金才能看到电子版合同条款。优信二手车在消费者未知晓合同主要条款的情况下要求消费者先缴纳定金再看合同的行为，无疑是对消费者知情权的侵害。调查中还发现，在优信二手车购买车辆，均需要支付1000~3000

元不等的运费。

5）交易合同存在霸王条款。调查收集到商家合同 10 份、平台合同 6 份。从合同形式看，有买卖（销售）合同和居间服务合同，合同主体有三方（买方、卖方、居间方）和两方（买方、卖方）。从合同名称看，有二手车买卖居间服务合同、车辆销售合同、委托购车 & 交易保障服务合同等多种形式。主要存在两个方面问题：一是免除经营者责任，排除消费者权利，9 份合同中有"里程不负责条款"，10 份合同中有"车况免责条款"，显失公平，属于"霸王条款"；二是合同重要信息约定不明，易产生纠纷。

6）个别平台怠于审核把关。体验员对 58 同城展示车辆信息虚假现象进行投诉后，58 同城先将该虚假车辆信息下架，次日又将虚假车辆信息重新上架。这说明平台对车辆信息真实性的审核上把关不严，且在部分消费者投诉之后，仍未更改相应信息，表明平台对消费者投诉的问题未做有效处理。

7）存在侵害消费者隐私权、个人信息权的情况。一是夜间推销侵扰消费者生活安宁，体验式调查中，58 同城、二手车之家、人人车、瓜子、淘车 5 个平台均存在销售员在夜间来电推销，影响消费者休息的情况；二是过度使用消费者个人信息，体验式调查中存在多个销售员多次联系推销的情况。人人车多个门店销售员在电话中宣称预约的车辆在自己店内，但调查员前往门店后发现并非线上预约的车辆。此外，优信有 5 位销售员要求添加体验员微信并联系推销。

对此，四川省保护消费者权益委员会提醒广大消费者在线上购买二手车时要注意以下几点。

1）不入低价陷阱，不轻信口头承诺。在线上购买二手车时，要选择信息公布完整性较高、售后服务有保障、社会评价较好的平台。

2）细看条款，谨慎签订购车合同。务必对车辆信息一致性、真实性进行核实，在合同中明确收费项目和金额，对涉及配置、定金、质量保证、违约责任、售后服务等的条款认真查看，关注交易的关键环节。

3）线下仔细验车，查看随车文件是否齐全。验证法定证明文件是否交付齐全，例如机动车登记证书和机动车行驶证，以及有效的车辆保险单、缴纳税费凭证等；查看重要部件状况，可以委托第三方检测机构查验有无结构性损伤；查看车辆外观，验明有无瑕疵。

4）留存证据，及时维权。要注意收集保存相关证据，包括网页宣传、聊天等电子化证据及合同、票据等书面证据，一旦发现权益受损，及时向平台方进行反馈，必要时依法进行投诉，主动维护自身合法权益。

4.5.2 批发

二手车批发，指企业将车辆出售给以盈利为目的将车辆转售他人的渠道客户（企业或个人）的销售方式。

二手车经销企业将未达零售标准的车辆批发给渠道客户，是加速库存车辆周转、快速回收经营资金的有效方法。受企业财务/库存管理制度的限制，个别超过库存期上限的达到零售标准的车辆也要做批发处理。对于品牌汽车经销商，为促进新车销售，针对个别置换采购的未达零售标准的车辆，批发时允许不盈利甚至亏损，但需要经一定合理流程审批。

如前文所述，批发车辆的毛利率建议设定在5%~12%，库存周期不得超过3天，不需要整备，但需要进行必要的清洁。企业与本地同行（包括品牌汽车经销商）之间开展批发业务合作，需要依据《中华人民共和国民法典》签订车辆批发业务合作协议，就车辆批发的所有事宜详细约定双方的权利与义务，保护双方的合法权益。为防范企业管理人员的道德风险，企业可采用公开招标的方式择优选定不少于3家合作对象，构建竞争格局。企业与外地同行之间开展批发业务合作，

第4章 二手车营销销售：提质增效，批零有道

可以不签订合作协议（因为合作对象不固定），而采取一批一议的方式，在建立一定信任关系，确保可以长期稳固合作后，再签订合作协议。

二手车出口业务简介

二手车出口业务指国家有关部门批准的、限定地区的、具备相应条件的二手车经销企业与海外二手车中介机构签订贸易合作协议后，经商务部门备案批准、获得二手车出口许可证而开展的涉外二手车批售活动。

具有车源整合能力、海外营销渠道、售后服务保障能力的二手车经销企业要主动出击，积极与海外有关中介机构签订贸易合同，在属地商务、公安、海关等部门的监管、支持、辅导下，将更多的二手车销售到海外。

我国的二手车出口目的国大多是一带一路沿线国家，做好二手车出口业务能打通我国汽车从生产厂家到国内汽车消费者，再到海外汽车消费者的生产、消费和流通渠道。在车辆报废前，赚取二手车的"剩余价值"，为二手车经销企业谋取更广阔的销售渠道和合理利润。

2019年4月26日，商务部、公安部、海关总署联合印发《关于支持在条件成熟地区开展二手车出口业务的通知》，支持条件成熟的北京市、天津市、上海市、浙江省台州市、山东省济宁市、广东省、四川省成都市、陕西省西安市、山东省青岛市、福建省厦门市等10个地区开展二手车出口业务，进一步拓宽了二手车业务销售渠道，打通了二手车全产业链的路径。当年7月17日，我国广东好车控股有限公司首批300辆二手车在广州南沙港吊装上船，驶向柬埔寨、尼日利亚、缅甸、俄罗斯等国家，开启了国内二手车出口海外的新篇章。

2020年11月30日，商务部、公安部联合印发通知，进一步扩大开展二手车出口业务的地区范围。扩大开展二手车出口业务的地区包括河北省唐山市、山西省太原市、内蒙古自治区鄂尔多斯市、辽宁省沈阳市、吉林省长春市、江

苏省南京市、浙江省义乌市、安徽省芜湖市、福建省福州市、江西省宜春市、山东省枣庄市、河南省郑州市、湖北省武汉市、湖南省株洲市、广西壮族自治区柳州市、海南省海口市、重庆市、新疆维吾尔自治区伊犁哈萨克自治州、辽宁省大连市、浙江省宁波市共20个市州。

2022年12月6日,商务部、公安部、海关总署联合发布通知,决定新增辽宁省、福建省、河南省、四川省、河北省(石家庄市)、内蒙古自治区(呼和浩特市)、吉林省(珲春市)、黑龙江省(哈尔滨市)、江苏省(苏州市)、浙江省(温州市)、山东省(潍坊市)、贵州省(贵阳市)、云南省(昆明市)和新疆维吾尔自治区(博尔塔拉蒙古自治州)14个地区开展二手车出口业务,支持具有车源整合能力、海外营销渠道、售后服务保障能力等综合竞争力较强的企业开展更为广泛的二手车出口业务,培育二手车出口相关的维修整备、检测认证、仓储物流、金融信用担保等配套服务体系,建立二手车出口信息化管理平台,实现全流程可追溯。

意向出口企业要在向属地商务主管部门提供申报材料,经初审、复审、评估、公示等流程,通过商务部备案后获得出口二手车企业资质后开展二手车出口业务。经营出口业务的二手车经销企业是质量追溯的责任主体,具有严格履行出口产品检测、如实明示车辆信息等义务。办理二手车出口业务的核心流程:二手车交易→出口指标申请→交易登记→车辆整备、检测→运抵集中存放地→出口许可证审核发放→出口报关→车辆注销登记。图4-12所示为(二手车)对外贸易经营者备案登记表(即出口二手车企业资质)和中华人民共和国出口许可证。

第 4 章 二手车营销销售：提质增效，批零有道

图 4-12 （二手车）对外贸易经营者备案登记表和中华人民共和国出口许可证示意

4.5.3 拍卖

拍卖，指以公开竞价的形式，将特定物品或财产权利转让给最高应价者的买卖方式。拍卖必须有拍卖标的，委托拍卖的二手车就是拍卖标的，是委托人所有或依法可以处分的。二手车经销企业将二手车委托给拍卖机构拍卖，其销售方式可能是零售（竞拍成功人是终端客户），也可能是批发（竞拍成功人是渠道客户）。由于竞争相对激烈，拍卖是二手车经销企业获取较高二手车成交价格的有效方式。一般而言，拍卖成交车辆的毛利率高于批发车辆，也可能高于零售车辆。

委托拍卖需要设定保留底价，未达到委托人设定的保留底价，拍卖行为不成立，即流拍。流拍后可重新委托、再组织拍卖，也可由企业自行零售或批发。当不能准确确定二手车的销售价格时，通过（线上/线下）走一次拍卖流程就能基本确定符合市场行情的销售价格，因此很多二手车经销企业会采用这种方式确定车辆的零售或批发价格。拍卖有线上和线下两种方式，线上拍卖能规避竞拍人串通操纵竞价的情况，风险低于线下拍卖。

以下是国内二手车经销企业通常选择的委托拍卖机构和合作伙伴。

1）小柠拍为行业客户提供拍卖、管理咨询、信息技术及数据分析等整合解决方案。通过简单、高效、可信任的拍卖服务提高二手车的流通与资源利用效率，为广大车商、汽车经销商、汽车生产商及汽车金融租赁企业等机构提供专业的拍卖运营服务。小柠拍是运通集团、中升集团等企业的合作伙伴。

2）优信拍在充分参考国内二手车交易惯例的条件下，创造性地引用网络技术，高效整合二手车交易过程的各个业务环节，打造了集竞价拍卖、车况检测、安全支付、物流运输及手续代办于一体的大型二手车企业对企业（B2B）交易平台。优信拍的开放式二手车拍卖营销平台，为汽车厂商与二手车经营企业提供车辆质量鉴定、商户诚信管理、交易车辆运输、交易增值服务、确保交易资金安全五大功能服务。优信拍是吉利汽车、长城汽车等企业的合作伙伴。

3）立新出行是一个共享拍卖平台，致力于帮助二手车经销企业成交二手车。立新出行是中升集团、广汇集团、永达集团等企业的合作伙伴。

4）联盟拍赋能经销商建立集团自主的拍卖平台，实现跨集团、跨区域、多元化的拍卖生态链，具有统一平台、统一标准、统一服务的特点，打通了品牌汽车经销商集团的拍卖业务，实现了品牌汽车经销商之间的车源和信息互通。联盟拍帮助企业实现集团二手车统一化管理模式，有效增加了二手车业务的整体利润。联盟拍是江西华宏等企业的合作伙伴。

5）汽车街的核心业务涵盖新车交易、二手车线上/线下拍卖、超值车/特价车交易、汽车整备维修、整车物流以及汽车金融、媒体和软件服务等八大业务板块。汽车街提供集

第 4 章　二手车营销销售：提质增效，批零有道

网络竞价、车道拍卖、交付服务为一体的二手车置换解决方案，线上为商家提供车辆车况展示、报价、竞价等服务，线下提供实车展示、评估鉴定、车道拍卖、交付及办理转移登记等一站式服务。汽车街是庞大集团、运通集团、广汇集团等企业的合作伙伴。

4.5.4　合作销售

合作销售是二手车经销企业（含品牌汽车经销商）之间达成的资源整合、信息共享的联合销售模式，能充分弥补单一企业集客困难、车源不足的业务短板。

有客源但没有车源的企业，可以帮助有车源但没有客源的企业销售，反之亦然。库存丰富但经营场地受限或经营场地集客困难的企业，可以将车辆寄存在场地条件更好、客流量更大的企业展示。企业间只要事先签订合作协议，约定销售后的利润分配问题，就能达到双赢目的。需要注意的是，如果车辆是销售给本地终端客户，则还须约定销售后由谁负责客户车辆的维修和质保等事宜（通常由提供车辆的一方负责）。

4.6　二手车拍照、视频制作及使用

4.6.1　车辆照片的拍摄和使用

1. 车辆照片的拍摄

"首因效应"在人的社会交往中很重要，二手车的销售展示同样如此。成功的车源展示从高质量的车辆照片开始，只有能清晰展现车辆状况的照片，才能吸引关注，达到有效传播、促进销售的目的。

1）总体要求：充分表现车辆的形、质、色。形，指车辆的造型特征及画

面的构图；质，指车辆的质量与质感，车辆拍摄对质的要求非常严格，需要展现车身漆面的影纹；色，指车辆拍摄要尽量还原车身原色，背景颜色与车身颜色的对比度要高，且不能杂乱。

2）分辨率、格式等要求：分辨率不低于800像素×600像素；尺寸比例（长:宽）为4:3或16:9；大小≤2M；格式选择JPG/PNG/JPEG。

3）方向和数量要求：如图4-13所示，9张标准方位照分别为左前方45°、正前方、右侧、正后方、右后方45°的5张外观照片，以及行李舱、后排内饰、前排内饰、发动机舱的4张内部照片。除9张标准方位照外，根据车型亮点、卖点，建议再拍摄几张细节照片，以吸引潜客关注，见图4-14。

4）照片拍摄技巧：相机高度根据车型调整，建议与外后视镜根部或车身腰线平齐；相机与车辆距离5~8m，需根据相机镜头视角而定，保证车身完整入镜即可。

①左前方45°：水平方向车身几乎占满画面，左右稍留白，车身前部与车身整体比例为1:2；垂直方向车辆位于画面中部，上下留白。

②正前方：水平方向车身位于画面中部，约占3/4，左右留白；垂直方向车身位于画面中部，上下留白。

③右侧：水平方向车身几乎占满画面，左右稍留白；垂直方向车身位于画面中部，上下留白。

④右后方45°：水平方向车身几乎占满画面，左右稍留白，车身前部与车身整体比例为1:2；垂直方向车身位于画面中部，上下留白。

⑤正后方：水平方向车身位于画面中部，约占3/4，左右

第 4 章 二手车营销销售：提质增效，批零有道

图 4-13 标准照片示意

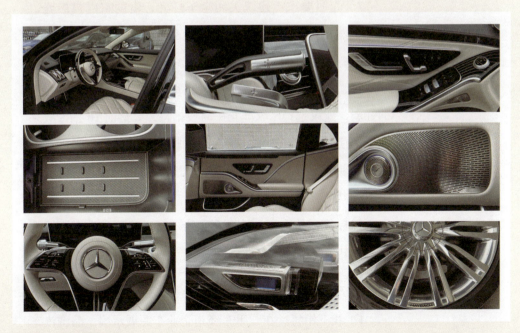

图 4-14 细节照片示意

留白；垂直方向车身位于画面中部，上下留白。

⑥行李舱：行李舱干净整洁；自上而下拍摄；行李舱充满画面，左右对称，各水平线与画面上下边框基本平行。

⑦后排内饰：内饰干净整洁，无杂物，前排座椅前移至极限位置，强化后排空间感。

⑧前排内饰：前排座椅后移至极限位置，空调出风口调平，通电后开启仪表和中控屏，相机正对车身中线，尽量确保窗外无其他车辆及行人。

⑨发动机舱：发动机舱干净整洁，从上方拍摄，左右对称。

5）拍摄器材要求：使用至少1000万像素的摄影器材。

6）拍摄场地要求：尽量确保拍摄场地只有背景墙和所摄车辆，禁止摆放杂物，以防车身反射杂物影像；保证场地地面清洁，无脚印、车轮印迹等。

7）光照要求：建议关闭全车灯光，借助室内自然光、室外自然光，或使用人工光源，避免背光、暗光、过度曝光等情况；借助室内自然光应注意光线的饱和度与亮度，若光照不足，建议使用打光板补光；借助室外自然光应注意光照的强弱，建议选择晴天非正午时段拍摄，日落前1h拍摄效果最佳；使用人工光源时，应注意调控光照的角度与强弱，各组照片须统一亮度。

8）其他要求：拍摄车身前部、车身尾部照片时，注意取下价格标签；品牌官方认证车须带"官方认证二手车"标牌拍摄，其他车辆须带企业名牌。

2. 车辆照片的使用

1）线下销售。在二手车经销企业车源展示墙、品牌汽车经销商新车展厅/客休区等公共区域，可将高品质车辆照片

第4章 二手车营销销售：提质增效，批零有道

制作成 X 形展架等形式进行展示。需要注意的是，车辆销售后要及时撤销、更换相关销售展示照片/物料；如果车辆采购后尚未到店，可提前展示照片（尽管照片可能不符合要求），或借用近似车款照片提前展示，以吸引关注，争取获得更多销售机会。

2）线上销售。在二手车之家、易车、懂车帝等互联网媒体平台发布销售信息，或在汽车街、联盟拍等互联网拍卖平台进行拍卖销售，都需要上传高品质的车辆照片。需要注意的是，要按平台的具体要求拍摄和上传照片。

3）自媒体营销。企业员工、老客户在利用微信、抖音、快手、闲鱼、小红书等社交平台账号传播、转介绍时，也需要使用高品质的车辆照片。

4.6.2 短视频制作

制作短视频的基本标准是画面清晰、背景不杂乱，突出重点展示部位，选配背景音乐要契合主题，切忌低俗。使用剪映等软件剪辑视频时，视频长度尽量控制在 15s 内，至多不超过 30s。视频内容注意展现车辆的亮点配置、关键性能、良好车况等。最想表达、传递的关键信息，例如核心卖点、价格优势等，尽量放在视频前 5s 内，否则会导致视频完播率低。

 ## 4.7 质保与认证

4.7.1 质保与退换车服务

汽车质保指汽车销售者依据《家用汽车产品修理、更换、退货责任规定》（简称"三包"规定）对客户所购车辆做出的有限质量担保，包括修理、更换和退货。销售者依照规定承担"三包"责任后，属于生产者责任或其他经营者责任的，销售者有权向生产者、其他经营者追偿。

"三包"规定里的家用汽车产品，指消费者为生活消费需要而购买和使用的乘用车和皮卡车。关于二手车，"三包"规定没有专门界定责任，仅规定了家用汽车产品的包修期限不少于3年或行驶里程6万km，以先到者为准，三包有效期限不少于2年或行驶里程5万km，以先到者为准。

家用汽车包修期和"三包"有效期，是自销售者开具购车发票之日起计算的，因此，只要在规定期限内，即使是二手车，依旧享有相应权利。对于"三包"退换车，经检验合格并标示"'三包'退换车"后，可视同二手车销售。

"三包"规定帮助二手车企业避免了一定经营风险，降低了一定运营成本。对于品牌汽车经销商二手车部门，可依托汽车制造商为所售"官方认证二手车"提供有限质保、退换或延长质保服务。对于二手车经销企业，如果没有能力为客户提供"三包"服务，则可与商业保险公司合作，推荐客户购买特别保险，从而在规避业务风险的同时，保障客户利益，提升客户满意度。目前，有些企业已经开始针对车况较好、车龄较低/里程较少的车辆提供"7天可退""15天包换"等服务承诺。

企业在销售二手车时，必须告知客户其享有的"三包"服务，并提醒客户在交易完成后保存好相关凭证。企业与客户签订二手车成交合同/协议时，必须以附件形式明确写出质保和退换服务的范围、时限、标准、流程和除外条件等。

4.7.2 认证

认证是一种信用担保形式，必须界定范围和事项。

"行"认证，是中国汽车流通协会基于GB/T 30323—

第4章 二手车营销销售：提质增效，批零有道

2013《二手车鉴定评估技术规范》和 T/CADA 18—2021《乘用车鉴定评估技术规范》，面向全国二手车流通领域各经营主体推出的认证二手车信息溯源管理体系，通过建立行业统一标准的车况溯源机制、争议复核机制等手段，以"权威溯源定责·保障消费权益"为使命，帮助二手车经营企业与消费者之间建立信任的桥梁，切实保障二手车消费环节中各方主体的合法权益。

二手车经营企业认证，指二手车经营企业按照国家法规、经营者或汽车制造商的标准和流程，对于在特定使用年限内且在特定累计行驶里程内的、符合相关质量标准的二手车，经鉴定、检测、整备翻新甚至维修并确认后，在销售给客户时做出的有关质量、维修、退换的书面（有限）责任保证和增值服务。

品牌汽车官方认证指由品牌汽车制造商担保，经汽车制造商授权经销商专业人员按汽车制造商的标准对车辆进行专业、全面评估、检测以及翻新整备的认证行为。

车辆经认证后，消费者能获得销售者有限售后保障、特定条件下退换车、与新车一致的维修、道路救援等服务。

对于二手车经销企业，既可以自主建立认证体系，也可以与中国汽车流通协会"行"认证等第三方合作，为客户提供认证服务。

无论采用哪种形式的认证，都要在交车时将认证证书作为交车文件之一交予客户。

4.8 增值业务

4.8.1 保险业务

保险业务既是为购车客户提供的便利服务，也是二手车企业盈利和增加客户黏性的重要手段。同时，保险业务开展得越好，对维修业务的间接贡献就越大，因为车辆出险后大概率会返店维修。

如前文所述，企业在制订年度业务规划和预算时，要结合历史经营数据、年度市场环境预估和经营目标，制订保险业务佣金收入和零售车辆保险渗透率指标（参见"4.1.1 关键绩效指标设置"），确保每月分解到每位二手车销售顾问，并制订相应激励/绩效机制。

4.8.2 金融业务

与保险业务一样，金融业务（例如销售按揭）也是二手车企业盈利和增加客户黏性的重要手段。

企业在制订年度业务规划和预算时，要结合历史经营数据、年度市场环境预估和经营目标，制订金融业务服务费收入和零售车辆按揭渗透率指标（参见"4.1.1 关键绩效指标设置"），确保每月分解到每位二手车销售顾问，并制订相应激励/绩效机制。图 4-15 所示为金融（按揭）业务月度结果分析。

4.8.3 精品销售

与新车销售一样，二手车销售也可整合精品业务。针对品牌汽车经销商，整合精品业务有助于消化退市车辆的精品库存，回收成本。

二手车精品大体分为内饰精品、外饰精品和电装精品三类。常见的内饰精品包括汽车香水座、坐垫、冰垫、脚垫、腰垫、地毯、座套、钥匙扣、公仔、风铃、窗帘、太阳膜、保温壶、防盗锁、车用衣架、隔热棉、门边胶、手机架、气压表、转向盘套、仪表装饰板等；常见的外饰精品包括晴雨挡、门碗饰件、外拉手贴件、挡泥板、车贴、车用天线、雾

第4章 二手车营销销售：提质增效，批零有道

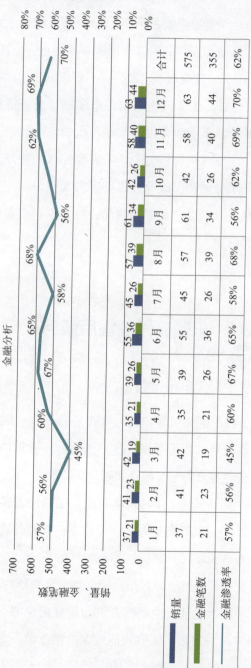

图 4-15 金融（按揭）业务月度结果分析

灯框、尾灯框等；常见的电装精品包括 GPS/ 北斗导航仪、车载 DVD 播放机、车载 MP3/MP4 播放器、车载音响、车载逆变器、车载加湿器、车用 LED 灯等。需要注意的是，电装精品的选用和安装必须符合国家车辆运行安全技术标准的要求，不得违法 / 违规改装 / 加装，不得影响使用和行驶安全。

尽管二手车的精品销售难度通常大于新车，精品着装率也低于新车（因为很多车在首次销售时已经加装过精品），但并非没有销售机会。企业需要注意的是，二手车精品着装率低于金融和保险业务渗透率是客观事实。为此，对车辆进行整备时可以预装部分精品，将成本折入车价，以提升精品着装率。

4.9 车辆交付及售后服务

4.9.1 交车前检查

将车辆交付客户前，要再进行一次全面检查，尽可能使车辆以最佳状况呈现在客户面前，并确保使用和行驶安全。检查内容分为车况检查和随车凭证准备 / 检查两部分。

关于车况，针对机电状况，主要检查各类油液是否充足有效、全车灯光是否齐全有效等；针对外观内饰状况，主要检查有无脏污、破损、划痕等。如果未达交车标准，务必暂缓交车，及时告知客户、表达歉意，并预约下次交车时间。

关于凭证，主要检查机动车登记证书、行驶证、二手车销售统一发票、保险凭证或保险批改单、车辆使用说明书、车主（保养）手册、"三包"凭证、车辆质保凭证或说明文件、

第 4 章 二手车营销销售：提质增效，批零有道

认证凭证或文件（若有）、销售或赠送的延保凭证、赠送的车辆维修代金券（若有）、车辆回购代金券（若有）、车辆整备相关派工单、整备施工作业单、整备作业零部件修复/更换清单等是否齐备、完整、有效。

交接车辆和随车凭证时，务必请客户签字确认，以避免纠纷。车辆交接确认表见表 4-4。

表 4-4 车辆交接确认表

××公司　车辆交接确认表

特别说明：车辆状况见"二手车□买卖/□车辆置换合同附件：车辆状况确认书"。

客户名称/姓名		车架号/VIN		□□□□□□□□□□□□□□□□□	
二手车销售顾问		发动机号			
车辆品牌型号		注册登记日期			
机动车登记证书 □	机动车行驶证 □	交强险保单或批改单 □		商业险保单或批改单 □	
二手车销售统一发票 □	车辆使用说明书 □	车主（保养）手册 □	"三包"凭证 □	车辆质保凭证或说明文件 □	
认证车辆的认证凭证或文件 □	销售或赠送的延保凭证 □	车辆回购代金券（若有） □	车辆整备的派工单 □	整备施工作业单 □	
整备作业零部件修复/更换清单 □	随车工具 □	车钥匙□把	随车软件（若有） □	点烟器 □	
备胎 □	脚垫 □	牌证（含临时行车号牌） □	灭火器 □	三角警示牌 □	
其他					
本人对上述项目核对无误，对车辆已确认，并同意接收该车辆。					
再次感谢您对我公司的信赖与支持！		接收人签字并摁指印： 　　　　　　　　　　　年　月　日			
使用说明：1. 请客户/接收人在"□"处打"√"确认。 　　　　　2. 二手车经销企业留存、归档。					

4.9.2 完美交车

向客户交付车辆的过程要有仪式感，注意营造喜庆的气氛，见图 4-16。

图 4-16 二手车交付仪式示意

交车仪式上，二手车销售顾问要将售后服务顾问、客服人员引荐给客户，并告知客户出现售后问题如何获取帮助，还可引荐鉴定评估人员，请客户有卖车需求时与其联系。二手车销售顾问可向客户赠送鲜花，在征得客户同意的前提下，还可施放礼花并合影留念（确保客户和车辆都处于突出位置）。合影照片要及时制作成营销素材，供其他员工推送传播。

交车过程中一定要请求客户转介绍，因为此时客户心情愉悦，一般不会抵触或明确拒绝，可使用的话术："您对这辆车很满意吧，请您推荐亲朋也来我家买车呀！"

交车仪式结束后，二手车销售顾问必须向客户讲解车辆使用常识和注意事项，直到客户确认掌握为止。

第 4 章 二手车营销销售：提质增效，批零有道

4.9.3 成交事项确认与法律手续完善

与采购环节一样，二手车成交后同样需要确认相关事项并完善法律手续，主要是办理成交车辆的转移登记手续。企业需要注意并告知客户的是，《中华人民共和国民法典》第一千二百一十条规定："当事人之间已经以买卖或者其他方式转让并交付机动车但是未办理登记，发生交通事故造成损害，属于该机动车一方责任的，由受让人承担赔偿责任。"

4.9.4 请求回购话术

企业在车辆成交后的适宜节点要以合适话术向客户做出高价回购承诺，甚至可提供回购承诺书。

推荐话术如下：

1）××先生/女士，看您事业发展这么快，估计要不了多久，您的爱车就又要升级换代了，到时候您一定记得联系我们呀！

2）××先生/女士，我们的服务您还满意吧？日后您要处理爱车的时候，一定第一时间联系我们啊！我们一定会高价回购！

回购承诺书

车辆回购承诺书

（本承诺书与成交车辆、随车文件一并交付客户）

编号：××××

尊敬的×××先生/女士（××××××）：

感谢光临×××公司并购买××车（号牌号码：××××××；车架号/VIN：□□□□□□□□□□□□□□□□□；发动机号码：××××××）！

当您(单位)需要转让该车时,请及时与我们联系,我们郑重承诺:

一、以高于您(单位)转让时的市场公开价格回购您(单位)的爱车。

二、我们提供的包括二手车交易在内的所有服务都是阳光诚信、公开透明的。

三、我们回购您(单位)的车辆后,会及时到公安车管等部门办理转移登记,解除您(单位)出让车辆的后顾之忧。

车辆回购部门:二手车采购部

联系电话:××××××××

联系人:×××

特此郑重承诺。

谨祝

用车愉快,出入平安!

×××公司(公章)

××××年××月××日

4.9.5 道路救援服务

道路救援指车辆销售单位、医疗机构、第三方施救企业等,给在道路上行驶等场景下出现故障、不能正常行驶、使用的车辆提供现场或远程帮助,处理故障、恢复行驶功能,或将车辆拖离现场、恢复道路通行能力的服务。道路救援通常分为:故障救援,为故障车提供现场维修、拖车等服务;交通事故救援,除协助处置车辆外,还可能包括伤员救治、交通

第 4 章　二手车营销销售：提质增效，批零有道

疏导等；突发情况救援，包括添加燃料或其他机电油液、更换轮胎、搭电等。

对于二手车经销企业，可参考成熟标准制订道路救援制度，重点明确收费标准和免费条件。在开展救援作业前，务必告知客户收费标准并进行书面签字确认。

"实战链接"索引

1. 汽车制造商国内二手车业务历史年表 / 006
2. 我国消费者置换新车的推动因素和基本规律 / 010
3. 二手车业务的一·三·三·四·四法则 / 027
4. 二手车鉴定评估职业资质的演变 / 039
5. 汽车行业术语 / 053
6. 美国汽车经销商协会统计的汽车品牌 / 073
7. 国内常用轿车分级标准 / 076
8. 汽车玻璃基本知识 / 124
9. 汽车轮胎基本知识 / 127
10. 机动车强制报废标准规定 / 145
11. GB/T 30323—2013《二手车鉴定评估技术规范》简介及应用 / 151
12. T/CADA 17—2021《二手纯电动乘用车鉴定评估技术规范》简介及应用 / 153
13. 二手车买卖／置换合同示例 / 181
14. 2022年版公安部《机动车登记规定》简介 / 187
15. 成交车辆动态管控表 / 210
16. GB 7258—2017《机动车运行安全技术条件》简介及应用 / 216
17. 二手车意向客户购车渠道偏好 / 222
18. 个别互联网二手车交易平台的"陷阱" / 227

索引

"实战点睛"索引

1. 品牌汽车经销商二手车业务的"四梁八柱" / 014
2. 现行机动车检验制度 / 077
3. 汽车油漆及其鉴别 / 081
4. 事故车业务尝试 / 088
5. 二手车业务信息查询工具 / 092
6. 行业常用的《二手车鉴定评估表》/ 102
7. 买卖二手车应该知道的"10 个一" / 149
8. 采购业务规划 / 159
9. 营业场所包装与首席业务专家形象展示 / 164
10. 在用车开发的"十全大补" / 173
11. 12 大二手车采购渠道 / 176
12. 告知消费者二手车消费的九大误区 / 179
13. 二手车销售线下集客 16 项措施 / 199
14. 全员营销推广的监控 / 204
15. 车辆转移登记办结通知书 / 220
16. 讲好每一辆零售二手车的"故事" / 226
17. 告知消费者挑选二手车的原则和方法 / 226
18. 二手车出口业务简介 / 231
19. 回购承诺书 / 247

参考文献

[1] 余志生.汽车理论[M].4版.北京：机械工业出版社，2006.

[2] 陈高翔.二手车交易实用手册[M].北京：机械工业出版社，2008.

[3] 吉林大学汽车工程系.汽车构造：上册[M].6版.北京：人民交通出版社，2014.

[4] 全国汽车标准化技术委员会.机动车辆及挂车分类：GB/T 15089—2001[S].北京：中国标准出版社，2001.

[5] 全国汽车标准化技术委员会.汽车和挂车类型的术语和定义：GB/T 3730.1—2001[S].北京：中国标准出版社，2001.

[6] 中华人民共和国公安部.机动车运行安全技术条件：GB 7258—2017[S].北京：中国质检出版社，2017.

[7] 中华人民共和国工业和信息化部.道路车辆 车辆识别代号（VIN）：GB 16735—2019[S].北京：中国标准出版社，2019.

[8] 全国道路交通管理标准化技术委员会.道路交通管理 机动车类型：GA 802—2019[S].北京：中国质检出版社，2019.

[9] 全国汽车标准化技术委员会.汽车车身术语：GB/T 4780—2020[S].北京：中国质检出版社，2020.

[10] 中华人民共和国商务部.二手车鉴定评估技术规范：GB/T 30323—2013[S].北京：中国质检出版社，2014.

后　记

多年来，我们始终有一种强烈的愿望：将培训课程开发、教学实践和驻店辅导过程中总结、归纳的二手车业务与经营管理知识转化为著作，普惠所有二手车企业（含品牌汽车经销商二手车部门）的投资人、经管人员和基层工作人员，这不仅对身处二手车行业的广大从业人员具有参考借鉴意义，对有志于投身二手车行业的朋友以及广大汽车消费者，也将有莫大助益。经过近一年时间的调研、走访、再学习和整理归纳，以及夜以继日的紧张创作和修改，我们终于实现了愿望，交"作业"了，甚是欣慰。

在此，要特别感谢百忙之中为本书作序的中国汽车流通协会会长助理、副秘书长罗磊先生，感谢为本书撰写推荐语的多位领导和专家，感谢在我们前进的路上给予我们知识和教诲的尊敬师长们，感谢机械工业出版社汽车分社的编辑同志。此外，还要感谢为本书创作提供图表支持的多位企业一线朋友和培训班学员朋友，是你们的无私奉献使本书的内容更加丰富多彩。

我们的行业眼界、知识储备和业务能力仍然有限，书中难免有疏漏和不足之处，望广大读者朋友海涵、赐教。

陈高翔　陈明旭

二〇二三年三月　于成都

我国二手车市场正处于快速发展阶段，未来年交易量将超过2000万辆，赶上甚至超过新车销售量，接近甚至达到美国等发达国家二手车市场的交易水平。该书作者之一陈高翔先生，是我敬佩的二手车行业资深培训和辅导专家，具有30多年的行业实战经验。该书内容按照队伍建设、评估/采购、整备/销售等逻辑链展开，为我们提供了二手车业务相关岗位的具体工作指引，从业人员有必要认真阅读参考。

蔡云

西华大学汽车与交通学院汽车系主任

四川省汽车工程学会青年专家组副秘书长

该书作者之一陈高翔先生可谓我国二手车市场的拓荒者，先后经历了学校教师、二手车市场管理者、品牌汽车经销店二手车部门经理和业务培训辅导专家等岗位的磨练，拥有扎实的业务功底和丰富的实战经验。陈先生于2008年撰写的《二手车交易实用手册》一书在业内获得了广泛认可，我校一直将此书列为二手车鉴定评估人员教学辅导用书。

如今，陈先生与陈明旭先生合作撰写了《二手车盈利宝典：评估·采购·销售实战全解》一书，系统梳理和阐释了二手车业务团队建设要素和方法，以及二手车鉴定评估、采购和销售等关键业务场景，无私地将他们的宝贵经验和专业技能分享给广大从业人员，相信此举必将助力广大从业人员提升职业认识和业务技能，进而推动我国二手车市场发展壮大。

简黎

中国汽车流通协会二手车鉴定评估师分会副会长单位、中国汽车流通协会二手车鉴定评估人员岗位技能培训授权培训机构——成都世纪精英培训学校　校长二手车行业要健康、有序发展,企业要永续经营,除了要依法诚信经营,重视经营过程中的正规化、规模化、数字化建设外,人才培养和团队建设同样重要。

陈高翔先生作为极具工匠精神的行业专家和知行合一的实战精英,能在二手车行业"心浮气躁"的当下,潜心撰写这本面向所有从业人员的实战读物,实属难能可贵。

该书从结构到细节,都不同于既有的"教材"式产品,也有别于泛滥网络的"碎片化经验",能帮助行业新人快速上手,帮助行业老人提升晋级,实现系统精进的目的,达成事半功倍的效果。

王萌

二手车行业知名媒体"二手车小胖说"创始人、中国汽车流通协会专家、北京市汽车流通行业协会副秘书长、全国各类二手车赛事裁判长、仲裁长

《二手车盈利宝典:评估·采购·销售实战全解》基于二手车行业一线实践指导经验,对二手车业务的采购/整备/销售/服务等环节进行了全业务/价值链的深度剖析,紧扣二手车业务的专业流程与关键环节,通过精细化管理、严格监控来提升二手车业务盈利水平,既符合行业发展规律,又契合业务商业本质。

该书内容全面翔实,阐述透彻实用,是二手车业务经营管理者在提升能力、转型升级的过程中不可或缺的"指南"。

潘国强

资深二手车业务全科导师、湖南省二手车流通协会秘书长

今天，我国的二手车产业已经成长为潜力无限的万亿级朝阳产业，是继增量的新车市场后，各方争夺汽车存量市场的主阵地。该书作者之一陈高翔先生，将自己几十年积累的二手车业务实战经验倾囊相授，围绕二手车业务团队建设，以及鉴定评估、采购建库、营销销售等一线业务场景，为二手车经营主体、从业人员提供了翔实的工作指引和深入的技能剖析。该书结构体系完整、内容全面、实用性强，适合所有从业人员研读借鉴。

胡伟

中国汽车流通协会副会长、四川省二手车商会副理事长、成都宏盟二手车交易市场举办方——成都宏盟汽车集团　董事长